초등 문해력·어휘력을 키우는 하루하루 속담 120!

하루하루 속담 120

귀여운 그림과 다양한 문장으로
재미있게 속담을 익힐 수 있어요!

초등 문해력 향상을 위한 총 120개 속담을
아이들 일상 및 학교생활과 밀접한 6가지 주제에 따라
문장으로 활용하여 자연스럽게 익혀요.
귀여운 그림으로 흥미를 높이고,
필수 낱말과 예문을 통해 어휘력과 이해력도 길러요.

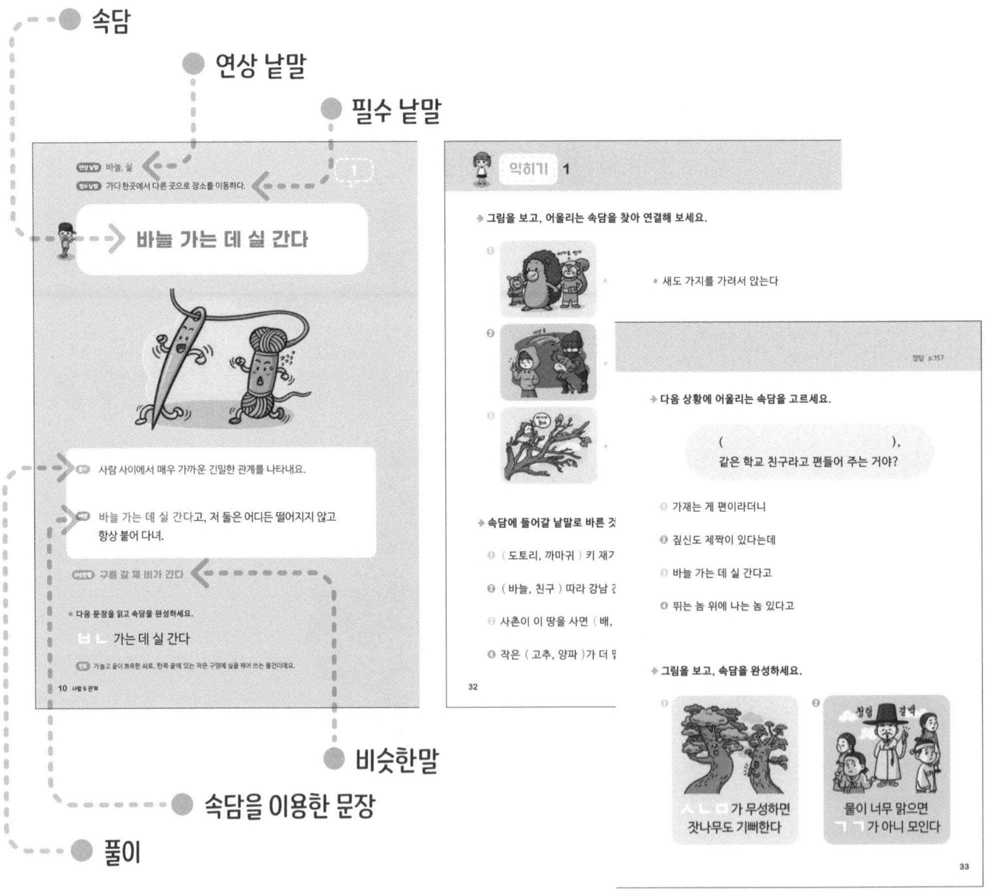

속담

연상 낱말

필수 낱말

연상 낱말 바늘, 실

필수 낱말 가다 한곳에서 다른 곳으로 장소를 이동하다.

1

바늘 가는 데 실 간다

풀이 사람 사이에서 매우 가까운 긴밀한 관계를 나타내요.

예문 바늘 가는 데 실 간다고, 저 둘은 어디든 떨어지지 않고 항상 붙어 다녀.

비슷한말 구름 갈 제 비가 간다

다음 문장을 읽고 속담을 완성하세요.

ㅂㄴ 가는 데 실 간다

10 사람 & 관계

비슷한말

속담을 이용한 문장

풀이

익히기 1

그림을 보고, 어울리는 속담을 찾아 연결해 보세요.

새도 가지를 가려서 앉는다

속담에 들어갈 낱말로 바른 것

① (도토리, 까마귀) 키 재기

② (바늘, 친구) 따라 강남 ...

③ 사촌이 이 땅을 사면 (배, ...

④ 작은 (고추, 양파)가 더 ...

32

정답 p.157

다음 상황에 어울리는 속담을 고르세요.

( ),
같은 학교 친구라고 편들어 주는 거야?

① 가재는 게 편이라더니

② 짚신도 제짝이 있다는데

③ 바늘 가는 데 실 간다고

④ 뛰는 놈 위에 나는 놈 있다고

그림을 보고, 속담을 완성하세요.

① ㅅㄴㅁ가 무성하면 잣나무도 기뻐한다

② 물이 너무 맑으면 ㄱㄱ가 아니 모인다

33

학습하기

속담의 뜻을 알아보고, 실제 어떻게 이용할 수 있는지 예문으로 확인합니다. 비슷한 표현도 배워 봅니다.

익히기

연습 문제를 통해, 앞에서 배운 속담을 반복 학습하여 내 것으로 익힙니다.

사람 & 관계

차례

말 & 태도

마음 & 행동

상황 & 교훈

노력 & 성공

음식 & 동물

사람 & 관계

#바늘 가는 데 실 간다

#친구 따라 강남 간다

#고슴도치도 살 동무가 있다

#짚신도 제짝이 있다

#친구는 옛 친구가 좋고 옷은 새 옷이 좋다

#물은 건너 보아야 알고 사람은 지내보아야 안다

#먼 사촌보다 가까운 이웃이 낫다

#간이라도 빼어 먹이겠다

#가재는 게 편

#도토리 키 재기

#소나무가 무성하면 잣나무도 기뻐한다

#사촌이 땅을 사면 배가 아프다

#될성부른 나무는 떡잎부터 알아본다

#작은 고추가 더 맵다

#뛰는 놈 위에 나는 놈 있다

#사람은 죽으면 이름을 남기고 범은 죽으면 가죽을 남긴다

#물이 너무 맑으면 고기가 아니 모인다

#집에서 새는 바가지는 들에 가도 샌다

#바늘 도둑이 소도둑 된다

#바늘로 찔러도 피 한 방울 안 난다

#새도 가지를 가려서 앉는다

#남의 눈에 눈물 내면 제 눈에는 피눈물이 난다

연상 낱말 바늘, 실

필수 낱말 가다 한곳에서 다른 곳으로 장소를 이동하다.

바늘 가는 데 실 간다

풀이 사람 사이에서 매우 가까운 긴밀한 관계를 나타내요.

예문 **바늘 가는 데 실 간다**고, 저 둘은 어디든 떨어지지 않고 항상 붙어 다녀.

비슷한말 **구름 갈 제 비가 간다**

* **다음 문장을 읽고 속담을 완성하세요.**

ㅂ ㄴ 가는 데 실 간다

힌트 가늘고 끝이 뾰족한 쇠로, 한쪽 끝에 있는 작은 구멍에 실을 꿰어 쓰는 물건이에요.

연상 낱말 강남

필수 낱말 친구 가깝게 오래 사귄 사람.

친구 따라 강남 간다

풀이 하고 싶은 일은 아니지만, 남에게 끌려서 덩달아 하게 됨을 말해요.

예문 친구 따라 강남 간다더니, 너는 어디 가는지도 모르고 하하를 따라 온 거야?

비슷한말 부화뇌동

* 다음 문장을 읽고 속담을 완성하세요.

친구 따라 ㄱ ㄴ 간다

힌트 중국 양쯔강의 남부 지역을 이르는 말로, 아주 먼 곳을 뜻해요. 예 ○○ 갔던 제비

연상 낱말 고슴도치

필수 낱말 동무 친하게 어울리는 사람, 어떤 일을 짝이 되어 함께 하는 사람.

3

고슴도치도 살 동무가 있다

풀이 누구에게나 친구가 있다는 말이에요.

예문 고슴도치도 살 동무가 있다더니, 성격이 고약한 루루도 친구가 다 있네.

* 다음 문장을 읽고 속담을 완성하세요.

ㄱ ㅅ ㄷ ㅊ 도 살 동무가 있다

힌트 등 전체에 바늘 같은 가시가 돋쳐 있는 동물이에요.

연상 낱말 짚신

필수 낱말 짝 둘 이상이 서로 어울려 한 벌이나 한 쌍을 이루는 것.

짚신도 제짝이 있다

풀이 보잘것없는 사람도 제짝이 있다는 말이에요.

예문 짚신도 제짝이 있다는데, 너도 곧 좋은 여자 친구를 만날 거야.

비슷한말 **헌 고리도 짝이 있다**

*** 다음 문장을 읽고 속담을 완성하세요.**

도 제짝이 있다

힌트 짚으로 만든 신발이에요. 예 ○○ 한 켤레

연상 낱말 친구, 옷

필수 낱말 좋다 기쁘고 만족스럽다.

친구는 옛 친구가 좋고 옷은 새 옷이 좋다

풀이 오래 사귄 친구일수록 정이 두텁고 깊어서 좋다는 말이에요.

예문 말을 안 해도 내가 뭐가 먹고 싶은지 알다니,
친구는 옛 친구가 좋고 옷은 새 옷이 좋네.

* 다음 문장을 읽고 속담을 완성하세요.

ㅊ ㄱ 는 옛 ㅊ ㄱ 가 좋고 옷은 새 옷이 좋다

힌트 가깝게 오래 사귄 사람을 뜻해요. 예 ○○를 사귀다

연상 낱말 지내보다

필수 낱말 알다 생각이나 경험을 통하여 지식을 갖추다.

물은 건너 보아야 알고 사람은 지내보아야 안다

풀이 사람은 겉만 봐서는 모르고, 서로 오래 겪어 보아야 알 수 있음을 말해요.

예문 무뚝뚝하던 그가 나를 위로해 주다니, 물은 건너 보아야 알고 사람은 지내보아야 알아.

비슷한말 **대천 바다도 건너 봐야 안다**

* **다음 문장을 읽고 속담을 완성하세요.**

물은 건너 보아야 알고 ______은 지내보아야 안다

힌트 언어를 사용하고, 도구를 만들어 쓰며 사회를 이루어 사는 동물이에요. 예 ○○ 살려!

연상 낱말 이웃

필수 낱말 가깝다 어느 한 곳에서 다른 곳까지의 거리가 짧다.

먼 사촌보다 가까운 이웃이 낫다

풀이 자주 보는 사람이 정도 많이 들고, 도움을 주고받기도 쉽다는 말이에요.

예문 **먼 사촌보다 가까운 이웃이 낫다**더니, 다리를 다쳤을 때 옆집 사람이 나를 병원에 데려다줬어.

비슷한말 **지척의 원수가 천 리의 벗보다 낫다**

* **다음 문장을 읽고 속담을 완성하세요.**

먼 사촌보다 가까운 ○ ○ 이 낫다

힌트 가까이 사는 집 또는 그런 사람을 뜻해요. 예 ○○ 사촌

연상 낱말 간

필수 낱말 먹다 음식을 입으로, 배 속에 들여보내다.

간이라도 빼어 먹이겠다

풀이 아주 친한 사이라 소중한 것도 아낌없이 줄 수 있다는 말이에요.

예문 민희는 네게 간이라도 빼어 먹일 수 있을 정도로
너를 소중히 여기는 거 같아.

* 다음 문장을 읽고 속담을 완성하세요.

ㄱ 이라도 빼어 먹이겠다

힌트 탄수화물을 저장하고, 해독 작용을 하는 신체 기관이에요. 예 ○도 쓸개도 없다

연상 낱말 가재

필수 낱말 편 여러 무리로 나누었을 때 그 하나를 가리키는 말.

가재는 게 편

풀이 모양이나 형편이 서로 비슷하여, 잘 어울리고 사정을 감싸 주기 쉬움을 말해요.

예문 가재는 게 편이라더니, 같은 학교 친구라고 편들어 주는 거야?

비슷한말 초록은 동색

* 다음 문장을 읽고 속담을 완성하세요.

ㄱㅈ는 게 편

힌트 게와 새우의 중간 모양인데, 앞의 큰 발에 집게발톱이 있어요.

연상 낱말 도토리

필수 낱말 재다 길이, 무게 등의 수치를 측정하여 알아보다.

10

도토리 키 재기

풀이 고만고만한 사람끼리 서로 다투지만, 비슷비슷하여 견줄 필요가 없음을 말해요.

예문 저 둘은 실력이 비슷해서, 도토리 키 재기를 보는 거 같아.

비슷한말 난쟁이끼리 키 자랑하기

* 다음 문장을 읽고 속담을 완성하세요.

ㄷ ㅌ ㄹ 키 재기

힌트 갈참나무, 졸참나무, 물참나무, 떡갈나무 따위의 열매예요. 예 ○○○묵

연상 낱말 소나무, 잣나무

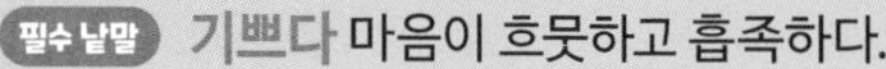

필수 낱말 기쁘다 마음이 흐뭇하고 흡족하다.

소나무가 무성하면 잣나무도 기뻐한다

풀이 가까운 동료나 친구가 잘되면 함께 좋아한다는 말이에요.

예문 소나무가 무성하면 잣나무도 기뻐한다고, 너한테 좋은 일이 생겨 나도 너무 기뻐.

* **다음 문장을 읽고 속담을 완성하세요.**

ㅅ ㄴ ㅁ 가 무성하면 잣나무도 기뻐한다

힌트 소나뭇과의 모든 식물로, 잎은 두 잎이 뭉쳐나고 피침 모양이에요.

연상 낱말 사촌, 땅

필수 낱말 아프다 몸의 어느 부분이 다치거나 맞아 괴로움을 느끼다.

사촌이 땅을 사면 배가 아프다

풀이 남이 잘되는 것을 질투하고 시기하는 것을 말해요.

예문 사촌이 땅을 사면 배가 아프다고, 민호가 대상 타는 걸 보니 샘이 난다.

＊ **다음 문장을 읽고 속담을 완성하세요.**

이 땅을 사면 배가 아프다

힌트 부모의 형제자매의 자녀끼리의 촌수를 뜻해요.

연상 낱말 떡잎

필수 낱말 **된성부르다** 잘될 가망이 있어 보이다.

13

될성부른 나무는 떡잎부터 알아본다

풀이 잘될 사람은 어려서부터 남달리 장래성이 엿보인다는 말이에요.

예문 **될성부른 나무는 떡잎부터 알아본다**고, 그 가수는 어릴 때부터 노래를 잘했어.

비슷한말 **잘 자랄 나무는 떡잎부터 안다**

* **다음 문장을 읽고 속담을 완성하세요.**

될성부른 나무는 ㄸ ㅇ 부터 알아본다

힌트 씨앗에서 움이 트면서 최초로 나오는 잎이에요.

연상 낱말 작은 고추

필수 낱말 작다 길이, 넓이, 부피 등이 비교 대상이나 보통보다 덜하다.

작은 고추가 더 맵다

풀이 몸집이 작은 사람이 큰 사람보다 재주가 뛰어나고 야무지다는 말이에요.

예문 작은 고추가 더 맵다더니, 키 작은 선호가 나보다 행동이 훨씬 재빨라.

비슷한말 작아도 후추알

* 다음 문장을 읽고 속담을 완성하세요.

작은 　　　 가 더 맵다

힌트 긴 원뿔 모양의 열매가 초록색에서 익을수록 빨갛게 되며, 양념이나 반찬으로 쓰이는 채소예요.

연상 낱말 나는 놈

필수 낱말 **날다** 공중에 떠서 어떤 위치에서 다른 위치로 움직이다.

뛰는 놈 위에 나는 놈 있다

풀이 스스로 뽐내는 사람을 경계하는 말이에요.

예문 **뛰는 놈 위에 나는 놈 있다**고, 너보다 재주가 뛰어난 사람은 많으니 자만하지 말아.

비슷한말 **기는 놈 위에 나는 놈 있다**

* **다음 문장을 읽고 속담을 완성하세요.**

뛰는 ㄴ 위에 나는 ㄴ 있다

힌트 '사람'을 낮추어 하는 말이에요. 예 나쁜 ○들!

연상 낱말 이름, 가죽

필수 낱말 범 호랑이의 우리말.

사람은 죽으면 이름을 남기고 범은 죽으면 가죽을 남긴다

풀이 호랑이가 가죽을 남기듯이 사람은 죽으면 생전에 쌓은 공적으로 명예를 남긴다는 말이에요.

예문 사람은 죽으면 이름을 남기고 범은 죽으면 가죽을 남기듯, 위인은 후세에 존경을 받아요.

*** 다음 문장을 읽고 속담을 완성하세요.**

사람은 죽으면 ＿＿＿＿을 남기고 범은 죽으면 가죽을 남긴다

힌트 다른 것과 구별하기 위하여 사람이나 사물에 붙여서 부르는 거예요.

연상 낱말 물, 고기

필수 낱말 **맑다** 잡스럽고 탁한 것이 섞이지 아니하다.

17

물이 너무 맑으면 고기가 아니 모인다

풀이 사람이 지나치게 결백하면 주위에 사람이 따르지 않는다는 말이에요.

예문 **물이 너무 맑으면 고기가 아니 모인다**고, 네가 너무 엄격하면 사람들이 따르지 않아.

비슷한말 **맑은 물에 고기 안 논다**

＊ **다음 문장을 읽고 속담을 완성하세요.**

물이 너무 맑으면 ㄱ ㄱ 가 아니 모인다

힌트 물에 살며 아가미와 지느러미가 있는 동물이에요. 예 물○○

연상 낱말 바가지

필수 낱말 새다 기체, 액체가 틈이나 구멍으로 조금씩 빠져 나가다.

18

집에서 새는 바가지는 들에 가도 샌다

풀이 본바탕이 나쁜 사람은 어디를 가나 그 본모습을 드러낸다는 말이에요.

예문 집에서 새는 바가지는 들에 가도 샌다고, 너는 집에서 하던 나쁜 버릇을 밖에서도 그대로 하는구나.

* 다음 문장을 읽고 속담을 완성하세요.

집에서 새는 　　　　　　　　는 들에 가도 샌다

힌트 물을 푸거나 물건을 담는 데 쓰는 둥그런 그릇이에요.

연상 낱말 바늘, 도둑

19

필수 낱말 도둑 남의 물건을 훔치거나 빼앗는 짓을 하는 사람.

바늘 도둑이 소도둑 된다

풀이 작은 나쁜 짓도 자꾸 하면 큰 죄를 저지르게 된다는 말이에요.

예문 **바늘 도둑이 소도둑 된다**고, 거짓말하는 버릇을 못 고치면 나중에는 사기꾼이 될 거야.

* **다음 문장을 읽고 속담을 완성하세요.**

바늘 도둑이 ㅅ ㄷ ㄷ 된다

힌트 소를 훔치는 짓을 한 도둑을 뜻해요.

연상 낱말 피 한 방울

필수 낱말 찌르다 끝이 뾰족하거나 날카로운 것으로 물체의 겉면에 들이밀다.

바늘로 찔러도 피 한 방울 안 난다

풀이 사람이 야무지게 생겼거나 성격이 빈틈없을 때, 또는 지독한 구두쇠를 뜻하는 말이에요.

예문 그녀는 바늘로 찔러도 피 한 방울 안 나올 것처럼 보이는데, 보기와 다르게 마음이 여리다.

＊ **다음 문장을 읽고 속담을 완성하세요.**

바늘로 찔러도 피 한 　　　　 안 난다

힌트 작고 둥근 액체 덩어리를 세는 단위예요. 예 물 한 ○○

연상 낱말 새, 가지

필수 낱말 **가리다** 여럿 가운데서 하나를 구별하여 고르다.

21

새도 가지를 가려서 앉는다

풀이 친구를 사귀거나 직업을 선택할 때 신중해야 한다는 말이에요.

예문 새도 가지를 가려서 앉는다고, 주변에 좋은 사람만 두고 친구로 삼아야 해.

* 다음 문장을 읽고 속담을 완성하세요.

새도 ㄱ ㅈ 를 가려서 앉는다

힌트 나무나 풀의 원줄기에서 뻗어 나온 줄기예요. 예 나뭇○○

22

연상 낱말 피눈물

필수 낱말 **나다** 신체에서 땀, 피, 눈물 따위의 액체 성분이 흐르다.

남의 눈에 눈물 내면 제 눈에는 피눈물이 난다

풀이 남에게 악한 짓을 하면 자기는 그보다 더한 벌을 받게 됨을 말해요.

예문 남의 눈에 눈물 내면 제 눈에는 피눈물이 난다고,
나를 배신한 너에게 더한 벌이 내릴 거야.

비슷한 말 **남의 눈에서 피 내리면 내 눈에서 고름이 나야 한다**

* **다음 문장을 읽고 속담을 완성하세요.**

남의 눈에 눈물 내면 제 눈에는 ☐☐☐이 난다

힌트 몹시 슬프고 분하여 나는 눈물이에요.

익히기 1

➔ 그림을 보고, 어울리는 속담을 찾아 연결해 보세요.

① 

• 새도 가지를 가려서 앉는다

② 

• 고슴도치도 살 동무가 있다

③ 

• 바늘 도둑이 소도둑 된다

➔ 속담에 들어갈 낱말로 바른 것에 ○표 하세요.

① (도토리, 까마귀) 키 재기

② (바늘, 친구) 따라 강남 간다

③ 사촌이 이 땅을 사면 (배, 다리)가 아프다

④ 작은 (고추, 양파)가 더 맵다

정답 p.157

➔ 다음 상황에 어울리는 속담을 고르세요.

( ),
같은 학교 친구라고 편들어 주는 거야?

① 가재는 게 편이라더니

② 짚신도 세짝이 있다는데

③ 바늘 가는 데 실 간다고

④ 뛰는 놈 위에 나는 놈 있다고

➔ 그림을 보고, 속담을 완성하세요.

①

②

말 & 태도

낮말은 새가 듣고 밤말은 쥐가 듣는다

발 없는 말이 천 리 간다

가는 말이 고와야 오는 말이 곱다

말 한마디에 천 냥 빚도 갚는다

말은 해야 맛이고 고기는 씹어야 맛이다

입이 열 개라도 할 말이 없다

말이란 아 해 다르고 어 해 다르다

말 속에 뜻이 있고 뼈가 있다

가루는 칠수록 고와지고 말은 할수록 거칠어진다

말이 씨가 된다

세 치 혀가 사람 잡는다

입은 비뚤어져도 말은 바로 해라

빈 수레가 요란하다

핑계 없는 무덤이 없다

똥 묻은 개가 겨 묻은 개 나무란다

눈 가리고 아웅

연상 낱말 낮말, 밤말

필수 낱말 듣다 소리를 감각 기관을 통해 알아차리다.

낮말은 새가 듣고 밤말은 쥐가 듣는다

풀이 아무도 안 듣는 데서라도 말조심해야 한다는 말이에요.

예문 낮말은 새가 듣고 밤말은 쥐가 듣는다고, 그 이야기는 어디에서든 하지 마.

비슷한말 벽에도 귀가 있다

* 다음 문장을 읽고 속담을 완성하세요.

낮말은 ㅅ 가 듣고 밤말은 쥐가 듣는다

힌트 몸에 깃털이 있고 다리가 둘이며, 하늘을 나는 짐승을 말해요.

연상 낱말 천 리

필수 낱말 리 거리의 단위. 1리는 약 0.393킬로미터.

발 없는 말이 천 리 간다

풀이 말은 순식간에 퍼지니, 말을 삼가야 한다는 말이에요.

예문 발 없는 말이 천 리 간다고, 인터넷에서 소문이 급속도로 퍼졌어.

* 다음 문장을 읽고 속담을 완성하세요.

발 없는 말이 천 리 간다

힌트 사람이나 동물의 다리 맨 끝부분이에요. 예 ○을 동동 구르다

연상 낱말 가는 말, 오는 말

필수 낱말 곱다 소리가 듣기에 맑고 부드럽다.

가는 말이 고와야 오는 말이 곱다

풀이 남에게 말이나 행동을 좋게 해야 남도 나에게 좋게 한다는 말이에요.

예문 가는 말이 고와야 오는 말이 곱다고, 네 말이 험한데 내가 어떻게 말을 곱게 하니?

비슷한말 가는 떡이 커야 오는 떡이 크다

* 다음 문장을 읽고 속담을 완성하세요.

가는 □ 이 고와야 오는 □ 이 곱다

힌트 사람의 생각이나 느낌을 목구멍을 통하여 내는 소리예요.

연상 낱말 말 한마디

필수 낱말 빗 남에게 갚아야 할 돈.

말 한마디에 천 냥 빚도 갚는다

풀이 말만 잘하면 어려운 일도 해결할 수 있다는 말이에요.

예문 말 한마디에 천 냥 빚도 갚는다고, 말 한마디로 전쟁도 막을 수 있어.

* **다음 문장을 읽고 속담을 완성하세요.**

말 　　　　 에 천 냥 빚도 갚는다

힌트 짧은 말 또는 간단한 말이에요.

연상 낱말 말, 고기

필수 낱말 맛 음식 따위를 혀에 댈 때에 느끼는 감각.

말은 해야 맛이고 고기는 씹어야 맛이다

풀이 마땅히 할 말은 해야 한다는 뜻이에요.

예문 말은 해야 맛이고 고기는 씹어야 맛이라고, 속으로 앓지 말고 하고 싶은 말은 해.

비슷한말 말 안 하면 귀신도 모른다

* 다음 문장을 읽고 속담을 완성하세요.

말은 해야 맛이고 ㄱ ㄱ 는 씹어야 맛이다

힌트 먹을 수 있는 온갖 동물의 살이에요. 예 돼지○○

연상 낱말 입, 열 개

필수 낱말 입 먹이를 섭취하며 소리를 내는 기관.

입이 열 개라도 할 말이 없다

풀이 잘못이 명백히 드러나 변명의 여지가 없음을 말해요.

예문 내가 잘못한 일이라, 입이 열 개라도 할 말이 없어.

비슷한말 **온몸이 입이라도 말 못 하겠다**

＊ 다음 문장을 읽고 속담을 완성하세요.

입이 ( ) 개라도 할 말이 없다

힌트 아홉에 하나를 더한 수예요.

연상 낱말 아, 어

필수 낱말 다르다 비교가 되는 두 대상이 서로 같지 아니하다.

말이란 아 해 다르고 어 해 다르다

풀이 같은 말이라도 표현하는 데 따라서 아주 다르게 들린다는 뜻이에요.

예문 말이란 아 해 다르고 어 해 다르니, 듣는 사람의 상황을 생각해서 말해야 해.

비슷한말 같은 말도 툭 해서 다르고 탁 해서 다르다

* 다음 문장을 읽고 속담을 완성하세요.

□ 이란 아 해 다르고 어 해 다르다

힌트 사람의 생각이나 느낌을 목구멍을 통하여 내는 소리예요.

연상 낱말 뜻, 뼈

필수 낱말 뜻 말이나 글, 행동 따위로 나타내는 속내.

말 속에 뜻이 있고 뼈가 있다

풀이 말에 겉으로 드러나지 아니한 숨은 뜻이 있다는 뜻이에요.

예문 정치인의 말을 듣다 보면, 말 속에 뜻이 있고 뼈가 있다는 말이 떠올라요.

비슷한말 말 속에 말 들었다

* 다음 문장을 읽고 속담을 완성하세요.

말 속에 뜻이 있고 ____ 가 있다

힌트 척추동물의 살 속에서 그 몸을 지탱하는 단단한 물질이에요. 예 ○와 살이 되는 교훈

연상 낱말 가루, 말

필수 낱말 거칠다 결이 곱지 않고 험하다.

31

가루는 칠수록 고와지고 말은 할수록 거칠어진다

풀이 말은 길어질수록 시비가 붙어 말다툼까지 가게 되니 말을 삼가라는 뜻이에요.

예문 가루는 칠수록 고와지고 말은 할수록 거칠어진다고, 말이 길어지면 싸우게 되더라.

비슷한말 **말이 많으면 쓸 말이 적다**

* **다음 문장을 읽고 속담을 완성하세요.**

ㄱ ㄹ 는 칠수록 고와지고 말은 할수록 거칠어진다

힌트 물건을 잘게 부수거나 갈아서 만든 것이에요.

연상 낱말 씨

필수 낱말 되다 다른 것으로 바뀌거나 변하다.

말이 씨가 된다

풀이 늘 말하던 것이 사실대로 되었을 때 하는 말이에요.

예문 말이 씨가 된다고 하니, 그런 불길한 소리 하지 마.

비슷한말 **설마가 사람 잡는다**

* **다음 문장을 읽고 속담을 완성하세요.**

말이 　 가 된다

힌트 싹이 터서 새로운 것이 되는 물질로, 일의 근원을 비유해요.

연상 낱말 혀

필수 낱말 치 길이의 단위, 한 치는 약 3.03센티미터.

33

세 치 혀가 사람 잡는다

풀이 짧은 혀도 잘못 놀리면 사람이 죽을 수 있으니, 말을 함부로 하지 말라는 뜻이에요.

예문 **세 치 혀가 사람 잡는다**고, 특히 다른 사람에 대한 말을 함부로 하면 안 돼.

* **다음 문장을 읽고 속담을 완성하세요.**

세 치 ㅎ 가 사람 잡는다

힌트 입안에 있는 길고 둥근 살덩어리로, 맛을 느끼며 소리를 내는 역할을 해요.

연상 낱말 비뚤어지다

필수 낱말 **비뚤다** 바르지 아니하고 한쪽으로 기울어지거나 쏠린 상태.

입은 비뚤어져도 말은 바로 해라

풀이 상황이 어떻든지 말은 언제나 바르게 해야 한다는 뜻이에요.

예문 입은 비뚤어져도 말은 바로 하랬다고, 눈치 보지 말고 진실을 말해.

비슷한말 **입은 비뚤어져도 주라는 바로 불어라**

* **다음 문장을 읽고 속담을 완성하세요.**

입은 비뚤어져도 말은 ______ 해라

힌트 거짓이나 꾸밈없이 있는 그대로를 뜻해요.

연상 낱말 빈 수레

필수 낱말 요란하다 시끄럽고 떠들썩하다.

35

빈 수레가 요란하다

풀이 실속 없는 사람이 겉으로 떠들며 허풍을 부린다는 뜻이에요.

예문 빈 수레가 요란하다고, 수지는 늘 자랑만 하지 일 등은 못 해.

비슷한말 속이 빈 깡통이 소리만 요란하다

* 다음 문장을 읽고 속담을 완성하세요.

빈 ㅅ ㄹ 가 요란하다

힌트 바퀴를 달아서 굴러가게 만든 기구예요. 예 ○○를 끌다

연상 낱말 핑계, 무덤

필수 낱말 **핑계** 내키지 아니하는 상황을 피하려 다른 일을 내세움.

핑계 없는 무덤이 없다

풀이 큰 잘못을 저지른 사람도 그것을 변명하고 이유를 댄다는 말이에요.

예문 너는 오늘도 차가 막혀서 늦었다고 하다니, 핑계 없는 무덤이 없네.

* **다음 문장을 읽고 속담을 완성하세요.**

핑계 없는 ______ 이 없다

힌트 죽은 사람을 땅에 묻어 놓은 곳이에요. 예 ○○을 파다

연상 낱말 똥 묻은 개

필수 낱말 겨 벼, 보리 같은 곡식을 찧어 벗겨 낸 껍질.

37

똥 묻은 개가 겨 묻은 개 나무란다

풀이 자기는 더 큰 흉이 있으면서 도리어 남의 작은 흉을 본다는 말이에요.

예문 **똥 묻은 개가 겨 묻은 개 나무란다**더니, 지우를 혼내기 전에 너부터 되돌아봐.

비슷한말 **똥 묻은 접시가 재 묻은 접시를 흉본다**

* **다음 문장을 읽고 속담을 완성하세요.**

ㄸ 묻은 개가 겨 묻은 개 나무란다

힌트 사람이나 동물이 먹은 음식물을 소화하여 항문으로 내보내는 찌꺼기예요.

연상 낱말 아웅

필수 낱말 가리다 보이거나 통하지 못하도록 막다.

눈 가리고 아웅

풀이 속이 훤히 보이는 얕은수로 남을 속이려 한다는 말이에요.

예문 누가 봐도 네가 한 짓인데, 눈 가리고 아웅 하는 식으로 숨기려 했어?

비슷한말 머리카락 뒤에서 숨바꼭질한다

* **다음 문장을 읽고 속담을 완성하세요.**

눈 가리고 ○ ○

힌트 얼굴을 손으로 가리고 있다가 손을 떼면서 어린아이를 어르는 소리예요.

익히기 2

그림을 보고, 어울리는 속담을 찾아 연결해 보세요.

❶ 

❷ 

❸ 

- 입은 비뚤어져도 말은 바로 해라
- 낮말은 새가 듣고 밤말은 쥐가 듣는다
- 빈 수레가 요란하다

속담에 들어갈 낱말로 바른 것에 ○표 하세요.

❶ (눈, 입) 가리고 아웅

❷ 말 속에 뜻이 있고 (뼈, 혀)가 있다

❸ 말 한마디에 천 냥 (빚, 은혜)도 갚는다

❹ (핑계, 사람) 없는 무덤이 없다

정답 p.157

다음 상황에 어울리는 속담을 고르세요.

( ),
인터넷에서 소문이 급속도로 퍼졌어.

① 세 치 혀가 사람 잡는다고

② 발 없는 말이 천 리 간다고

③ 말이 씨가 된다고

④ 가는 말이 고와야 오는 말이 곱다고

그림을 보고, 속담을 완성하세요.

①

②

마음 & 행동

#자라 보고 놀란 가슴 솥뚜껑 보고 놀란다

#똥 누러 갈 적 마음 다르고 올 적 마음 다르다

#우물에 가 숭늉 찾는다

#번갯불에 콩 볶아 먹겠다

#참는 자에게 복이 있다

#도둑이 제 발 저리다

#집이 타도 빈대 죽으니 좋다

#믿는 도끼에 발등 찍힌다

#식혜 먹은 고양이 속

#도둑놈 개 꾸짖듯

#고양이 쥐 생각

#손가락에 장을 지지겠다

#자다가 봉창 두드린다

#눈에는 눈 이에는 이

#낫 놓고 기역 자도 모른다

#벼 이삭은 익을수록 고개를 숙인다

#울며 겨자 먹기

#팥죽 단지에 생쥐 달랑거리듯

#숭어가 뛰니까 망둥이도 뛴다

#남의 잔치에 감 놓아라 배 놓아라 한다

#감나무 밑에 누워서 홍시 떨어지기를 기다린다

#닭 잡아먹고 오리발 내놓기

#돌다리도 두들겨 보고 건너라

#오르지 못할 나무는 쳐다보지도 마라

연상 낱말 자라, 솥뚜껑

필수 낱말 **놀라다** 뜻밖의 일이나 무서움에 가슴이 두근거리다.

자라 보고 놀란 가슴 솥뚜껑 보고 놀란다

풀이 어떤 사물에 몹시 놀라, 비슷한 사물만 보아도 겁을 낸다는 말이에요.

예문 **자라 보고 놀란 가슴 솥뚜껑 보고 놀란다고,** 뜨거운 물에 데었더니 물을 보면 조심하게 돼.

비슷한말 **불에 놀란 놈이 부지깽이만 보아도 놀란다**

* **다음 문장을 읽고 속담을 완성하세요.**

자라 보고 놀란 가슴 ㅅ ㄸ ㄲ 보고 놀란다

힌트 솥의 아가리를 덮는 것을 말해요.

연상 낱말 똥

필수 낱말 누다 배설물을 몸 밖으로 내보내다.

똥 누러 갈 적 마음 다르고 올 적 마음 다르다

풀이 자기가 급한 때는 매달리다가 그 일이 끝나면 모른 체한다는 말이에요.

예문 똥 누러 갈 적 마음 다르고 올 적 마음 다르다고, 너는 내가 필요할 땐 말 걸더니 이제는 모른 척하네.

비슷한말 뒷간에 갈 적 마음 다르고 올 적 마음 다르다

＊ 다음 문장을 읽고 속담을 완성하세요.

똥 누러 갈 적 ○○ 다르고 올 적 ○○ 다르다

힌트 사람이 무엇을 하고자 하는 뜻을 말해요.

연상 낱말 우물, 숭늉

필수 낱말 숭늉 밥을 지은 솥에서 밥을 푼 뒤 물을 붓고 데운 물.

41

우물에 가 숭늉 찾는다

풀이 모든 일에는 순서가 있는 법인데, 그것도 모르고 성급하게 덤빈다는 말이에요.

예문 우물에 가 숭늉 찾는다더니, 아직 밥도 다 안 되었는데 누룽지를 찾으면 어떡해?

비슷한말 보리밭에 가 숭늉 찾는다

* 다음 문장을 읽고 속담을 완성하세요.

○ □ 에 가 숭늉 찾는다

힌트 물을 긷기 위하여 땅을 파서 지하수를 괴게 한 곳이에요.

연상 낱말 번갯불

필수 낱말 볶다 음식에 열을 가해 이리저리 저으면서 익히다.

번갯불에 콩 볶아 먹겠다

풀이 급한 행동이나 민첩한 행동을 말해요.

예문 번갯불에 콩 볶아 먹듯이 밥을 빨리 먹다니, 너 체하겠어.

비슷한말 번갯불에 회 쳐 먹겠다

＊ 다음 문장을 읽고 속담을 완성하세요.

에 콩 볶아 먹겠다

힌트 번개가 칠 때 번쩍이는 빛이에요.

연상 낱말 참는 자, 복

필수 낱말 복 삶에서 누리는 좋고 만족할 만한 행운.

참는 자에게 복이 있다

풀이 억울한 일이 있더라도, 경우에 따라 꾹 참고 견디면 좋은 때가 온다는 말이에요.

예문 **참는 자에게 복이 있다**고, 곧 네 잘못이 아니라는 게 밝혀질 거야.

* **다음 문장을 읽고 속담을 완성하세요.**

참는 ㅈ 에게 복이 있다

힌트 사람을 좀 낮잡아 이르거나 일상적으로 이를 때 써요.

연상 낱말 발 저리다

필수 낱말 저리다 몸의 일부가 오래 눌려서 피가 안 통해서 감각이 둔하다.

도둑이 제 발 저리다

풀이 죄를 지으면 마음이 조마조마해진다는 말이에요.

예문 너 잘못한 거 있어?
도둑이 제 발 저린다고, 너무 불안해 보여.

* **다음 문장을 읽고 속담을 완성하세요.**

　　　이 제 발 저리다

힌트 남의 물건을 훔치거나 빼앗는 나쁜 짓 또는 그런 짓을 하는 사람이에요.

연상 낱말 빈대

필수 낱말 타다 불씨나 높은 열로 불이 붙어 번지거나 불꽃이 일어나다.

45

집이 타도 빈대 죽으니 좋다

풀이 큰 손해가 생겨도 마음에 안 드는 게 없어져 상쾌하다는 말이에요.

예문 **집이 타도 빈대 죽으니 좋다**고, 선재가 사라져서 할 일은 많아졌지만 안 보여서 기분은 좋아.

비슷한말 **초가삼간 다 타도 빈대 죽는 것만 시원하다**

* 다음 문장을 읽고 속담을 완성하세요.

집이 타도 ㅂ ㄷ 죽으니 좋다

힌트 집 안에서 살며, 밤에 활동하여 사람의 피를 빨아 먹는 곤충이에요. 예 친구에게 ○○ 붙다

연상 낱말 도끼, 발등

필수 낱말 도끼 나무를 찍거나 패는 도구.

믿는 도끼에 발등 찍힌다

풀이 잘될 줄 알았던 일이 어긋나거나 믿는 사람에게 배신당했을 때 쓰는 말이에요.

예문 너를 믿고 내 비밀을 얘기했는데, 그걸 윤호한테 말하다니 믿는 도끼에 발등 찍혔네.

비슷한말 **아는 도끼에 발등 찍힌다**

* **다음 문장을 읽고 속담을 완성하세요.**

믿는 도끼에 ㅂ ㄷ 찍힌다

힌트 발의 위쪽 부분을 말해요.

연상 낱말 식혜, 고양이

필수 낱말 식혜 밥알이 뜨는 단맛의 우리나라 전통 음료.

식혜 먹은 고양이 속

풀이 주인 몰래 식혜를 먹은 고양이처럼 그것이 탄로 날까 근심하는 마음을 말해요.

예문 왜 눈치를 보는 거야?
몰래 나쁜 짓 하고 식혜 먹은 고양이 속인 거 같은데.

* 다음 문장을 읽고 속담을 완성하세요.

식혜 먹은 ㄱㅇㅇ 속

힌트 반려동물로 많이 키우며, 야옹야옹하며 울어요.

연상 낱말 도둑놈

필수 낱말 꾸짖다 윗사람이 아랫사람의 잘못에 대하여 엄하게 나무라다.

도둑놈 개 꾸짖듯

풀이 남이 알까 두려워서 입속으로 중얼거린다는 뜻이에요.

예문 눈을 못 마주치고 말도 얼버무리네.
사고 쳐 놓고, 마치 도둑놈 개 꾸짖듯 행동하네.

* 다음 문장을 읽고 속담을 완성하세요.

도둑놈 ___ 꾸짖듯

힌트 가축으로 사람을 잘 따르고 멍멍하고 짖어요. 예 진돗○

연상 낱말 쥐

필수 낱말 생각 사물을 헤아리고 판단하는 것.

49

고양이 쥐 생각

풀이 속으로 해칠 마음이면서, 겉으로는 생각해 주는 척하는 것을 말해요.

예문 이렇게 나를 챙기다가 뒤통수치려는 거 알아.
고양이 쥐 생각하는 척하지 말아.

* 다음 문장을 읽고 속담을 완성하세요.

고양이 ㅈ 생각

힌트 귀가 짧고 두꺼우며, 야행성으로 하수구나 집 밖에서 살고 '찍찍' 소리를 내며 울어요. 예 ○ 죽은 듯

연상 낱말 장 지지다

필수 낱말 지지다 불에 달군 물건을 다른 물체에 대어 약간 태우다.

손가락에 장을 지지겠다

풀이 자기가 주장하는 것이 틀림없다고 자신있게 말하는 것을 말해요.

예문 이번에 지윤이가 일 등을 못 하면, 내 손가락에 장을 지지겠다.

비슷한말 **손바닥에 장을 지지겠다**

＊ **다음 문장을 읽고 속담을 완성하세요.**

에 장을 지지겠다

힌트 손끝의 다섯 개로 갈라진 부분이에요.

연상 낱말 봉창

필수 낱말 두드리다 소리가 나도록 잇따라 치거나 때리다.

자다가 봉창 두드린다

풀이 뜻밖의 일이나 말을 갑자기 불쑥 내미는 황당한 행동을 말해요.

예문 자다가 봉창 두드린다고, 왜 갑자기 나한테 화를 내는 거야?

* 다음 문장을 읽고 속담을 완성하세요.

자다가 ㅂ ㅊ 두드린다

힌트 창문을 여닫지 못하도록 봉하거나 그 창문이에요.

연상 낱말 눈, 이

필수 낱말 이 입안에서 무엇을 물거나 음식물을 씹는 일을 하는 기관.

눈에는 눈 이에는 이

풀이 해를 입은 만큼 앙갚음하겠다는 말이에요.

예문 눈에는 눈 이에는 이라고, 네가 나한테 잘못한 만큼 너한테 되돌려 줄 거야.

* **다음 문장을 읽고 속담을 완성하세요.**

　에는 　 이에는 이

힌트 빛의 자극을 받아 물체를 볼 수 있는 감각 기관이에요.

연상 낱말 기역 자

필수 낱말 낫 벼, 나무, 풀 등을 베는 농기구.

낫 놓고 기역 자도 모른다

풀이 기역(ㄱ) 자 모양의 낫을 보고도 기역 자를 모를 정도로, 아주 무식하다는 말이에요.

예문 이것도 모르다니, 완전 낫 놓고 기역 자도 모르는 정도네.

비슷한말 목불식정

* 다음 문장을 읽고 속담을 완성하세요.

낫 놓고 ㄱ ㅇ 자도 모른다

힌트 한글 자모 'ㄱ'의 이름이에요.

연상 낱말 벼, 고개

필수 낱말 **숙이다** 앞으로나 한쪽으로 기울게 하다.

벼 이삭은 익을수록 고개를 숙인다

풀이 아는 것이 많은 사람일수록 겸손하고 남 앞에서 자기를 내세우지 않는다는 말이에요.

예문 벼는 익을수록 고개를 숙인다고, 예나는 우리 반에서 일 등이지만 항상 겸손해.

비슷한말 **병에 찬 물은 저어도 소리가 나지 않는다**

* **다음 문장을 읽고 속담을 완성하세요.**

☐ 이삭은 익을수록 고개를 숙인다

힌트 이것을 찧은 것을 '쌀'이라고 해요.

연상 낱말 겨자

필수 낱말 울다 감정을 억누르거나 참지 못해 눈물을 흘리다.

55

울며 겨자 먹기

풀이 맵다고 울면서도 매운 겨자를 먹듯이, 싫은 일을 억지로 함을 말해요.

예문 이 일을 할 사람이 없어서, 울며 겨자 먹기 식으로 내가 하고 있어.

* 다음 문장을 읽고 속담을 완성하세요.

울며 ㄱ ㅈ 먹기

힌트 겨자씨로 만든 매운 양념이에요.

연상 낱말 팥죽, 생쥐

필수 낱말 팥죽 팥을 푹 삶아서 체에 으깨어 밭인 물에 쌀을 넣고 쑨 죽.

팥죽 단지에 생쥐 달랑거리듯

풀이 매우 자주 들락날락하는 모습을 말해요.

예문 정국이는 팥죽 단지에 생쥐 달랑거리듯, 교무실에 맨날 들락거려.

비슷한말 **반찬단지에 고양이 발 드나들듯**

＊ **다음 문장을 읽고 속담을 완성하세요.**

팥죽 ＿＿＿ 에 생쥐 달랑거리듯

힌트 목이 짧고 배가 부른 작은 항아리예요.

연상 낱말 숭어, 망둥이

필수 낱말 **뛰다** 있던 자리로부터 몸을 높이 솟구쳐 오르다.

숭어가 뛰니까 망둥이도 뛴다

풀이 남이 한다고 하니까 분별없이 덩달아 따라서 한다는 뜻이에요.

예문 **숭어가 뛰니까 망둥이도 뛴다**고, 친구가 드럼 배운다니까 자기도 하겠대.

비슷한말 **망둥이가 뛰면 꼴뚜기도 뛴다**

* **다음 문장을 읽고 속담을 완성하세요.**

ㅅ ㅇ 가 뛰니까 망둥이도 뛴다

힌트 바닷물고기로, 옆으로 납작해요. 등은 잿빛 띤 청색, 배는 은백색이에요.

연상 낱말 잔치

필수 낱말 놓다 잡거나 쥐고 있던 물체를 일정한 곳에 두다.

남의 잔치에 감 놓아라 배 놓아라 한다

풀이 남의 일에 괜히 간섭하고 나설 때 쓰는 말이에요.

예문 파티의 주인공인 민재도 가만있는데, 지유가 계속 남의 잔치에 감 놓아라 배 놓아라 하네.

비슷한말 남의 일에 흥야항야한다

* 다음 문장을 읽고 속담을 완성하세요.

남의 잔치에 감 놓아라 배 놓아라 한다

힌트 기쁜 일이 있을 때에 음식을 차려 놓고 여러 사람이 모여 즐기는 일이에요.

연상 낱말 홍시

필수 낱말 **기다리다** 어떤 사람이나 때가 오기를 바라다.

감나무 밑에 누워서 홍시 떨어지기를 기다린다

풀이 노력도 하지 않고 좋은 결과가 이루어지기만 바란다는 뜻이에요.

예문 별다른 노력도 없이 백 점 맞기를 바라다니,
감나무 밑에 누워서 홍시 떨어지기를 기다리네.

비슷한말 **홍시 떨어지면 먹으려고 감나무 밑에 가서 입 벌리고 누웠다**

＊ **다음 문장을 읽고 속담을 완성하세요.**

감나무 밑에 누워서 ㅎ ㅅ 떨어지기를 기다린다

힌트 물렁하게 잘 익은 감이에요.

연상 낱말 오리발

필수 낱말 닭 머리에 붉은 볏이 있고, 날개도 있지만 날지 못하는 새.

닭 잡아먹고 오리발 내놓기

풀이 옳지 못한 일을 저질러 놓고 엉뚱한 말이나 행동으로 속여 넘기려는 것을 말해요.

예문 **닭 잡아먹고 오리발 내놓기**라더니, 지훈이는 자신이 잘못한 건 숨기고 혜인이 실수를 지적하더라.

* **다음 문장을 읽고 속담을 완성하세요.**

닭 잡아먹고 ____ 발 내놓기

힌트 발가락 사이에 물갈퀴가 있으며, 부리는 편평한 새예요. 예 청둥○○

연상 낱말 돌다리

필수 낱말 두드리다 소리가 나도록 잇따라 치거나 때리다.

61

돌다리도 두들겨 보고 건너라

풀이 잘 아는 일이라도 세심하게 주의를 기울이라는 말이에요.

예문 돌다리도 두들겨 보고 건너라고, 아무리 자신 있는 과목이라도 한 번 더 교과서를 봐.

비슷한말 아는 길도 물어 가랬다

* 다음 문장을 읽고 속담을 완성하세요.

ㄷ ㄷ ㄹ 도 두들겨 보고 건너라

힌트 돌로 만든 다리예요.

연상 낱말 나무

필수 낱말 오르다 아래에서 위쪽으로 움직여 가다.

오르지 못할 나무는 쳐다보지도 마라

풀이 자기가 할 수 없는 일은 처음부터 욕심을 내지 않는 것이 좋다는 말이에요.

예문 수줍음도 많은 네가 연예인을 하겠다니, 오르지 못할 나무는 쳐다보지도 말라고 했어.

비슷한말 **뱁새가 황새를 따라가면 다리가 찢어진다**

* **다음 문장을 읽고 속담을 완성하세요.**

오르지 못할 　　　　 는 쳐다보지도 마라

힌트 줄기나 가지가 목질로 된 여러해살이 식물이에요. 예 ○○를 심다

➔ 그림을 보고, 어울리는 속담을 찾아 연결해 보세요.

❶ 

❷ 

❸ 

- 번갯불에 콩 볶아 먹겠다
- 숭어가 뛰니까 망둥이도 뛴다
- 닭 잡아먹고 오리발 내놓기

➔ 속담에 들어갈 낱말로 바른 것에 ○표 하세요.

❶ (돌다리, 돌계단)도 두들겨 보고 건너라

❷ 집이 타도 (벌레, 빈대) 죽으니 좋다

❸ (우물, 화장실)에 가 숭늉 찾는다

❹ 팥죽 단지에 (고양이, 생쥐) 달랑거리듯

정답 p.158

다음 상황에 어울리는 속담을 고르세요.

( ),
너는 내가 필요할 땐 말 걸더니 이제는 모른 척하네.

1. 벼는 익을수록 고개를 숙인다고
2. 닭 잡아먹고 오리발 내놓기라더니
3. 자라 보고 놀란 가슴 솥뚜껑 보고 놀란다고
4. 똥 누러 갈 적 마음 다르고 올 적 마음 다르다고

그림을 보고, 속담을 완성하세요.

1.

2.

상황 & 교훈

땅 짚고 헤엄치기
달걀로 바위 치기
하늘이 무너져도 솟아날 구멍이 있다
아니 땐 굴뚝에 연기 날까
귀신이 곡할 노릇이다
불난 집에 부채질한다
바람 앞의 등불
배보다 배꼽이 더 크다
가랑비에 옷 젖는 줄 모른다
언 발에 오줌 누기
마른하늘에 날벼락
까마귀 날자 배 떨어진다
물에 빠진 놈 건져 놓으니까 내 봇짐 내라 한다
미꾸라지 한 마리가 온 웅덩이를 흐려 놓는다
갈수록 태산
달도 차면 기운다
싸움은 말리고 흥정은 붙이랬다
하나를 보면 열을 안다
꼬리가 길면 잡힌다
입에 쓴 약이 병에는 좋다
소 잃고 외양간 고친다
콩 심은 데 콩 나고 팥 심은 데 팥 난다
사공이 많으면 배가 산으로 간다
강물도 쓰면 준다

연상 낱말 땅, 헤엄

63

필수 낱말 헤엄치다 물속에서 나아가려고 팔다리나 지느러미를 움직이는 일.

땅 짚고 헤엄치기

풀이 일이 매우 쉽다 또는 일이 의심할 여지가 없이 확실하다는 말이에요.

예문 지수는 계속 그림을 그려 와서, 이번 전시회 준비는 **땅 짚고 헤엄치기**일 거야.

비슷한말 손 안 대고 코 풀기, 누워서 떡 먹기

* 다음 문장을 읽고 속담을 완성하세요.

ㄷㄷ 짚고 헤엄치기

힌트 강이나 바다와 같이 물이 있는 곳을 제외한 지구의 겉면이에요.

연상 낱말 달걀, 바위

필수 낱말 바위 매우 큰 돌.

달걀로 바위 치기

풀이 대항해도 도저히 이길 수 없는 경우를 말해요.

예문 네가 축구로 나를 이기겠다는 건, 달걀로 바위 치기야.

* **다음 문장을 읽고 속담을 완성하세요.**

로 바위 치기

힌트 닭이 낳은 알이에요.

연상 낱말 하늘, 구멍

필수 낱말 구멍 뚫어지거나 파낸 자리.

하늘이 무너져도 솟아날 구멍이 있다

뜻이 아무리 어려운 경우에 처하더라도 살아 나갈 방법이 생긴다는 말이에요.

예문 하늘이 무너져도 솟아날 구멍이 있다고, 힘들어도 참고 나아가면 기회가 생길 거야.

비슷한말 사람이 죽으란 법은 없다

* 다음 문장을 읽고 속담을 완성하세요.

ㅎ ㄴ 이 무너져도 솟아날 구멍이 있다

힌트 지평선이나 수평선 위로 보이는 무한대의 넓은 공간이에요.

66

연상 낱말 굴뚝, 연기

필수 낱말 굴뚝 불을 땔 때에, 연기가 밖으로 빠져나가도록 만든 구조물.

아니 땐 굴뚝에 연기 날까

풀이 원인이 없으면 결과가 있을 수 없다는 말이에요.

예문 아니 땐 굴뚝에 연기 날까라더니, 학교에 돌던 소문이 결국 사실로 밝혀졌어.

비슷한 말 **아니 때린 장구 북소리 날까**

* **다음 문장을 읽고 속담을 완성하세요.**

아니 땐 굴뚝에 ______ 날까

힌트 무엇이 불에 탈 때에 생겨나는 흐릿한 기체예요.

연상 낱말 귀신

필수 낱말 노릇 일의 됨됨이나 형편.

귀신이 곡할 노릇이다

풀이 세상일을 다 안다는 귀신조차 곡할 정도로 신기하고 기묘하여, 일의 속 내용을 알 수 없다는 말이에요.

예문 조금 전까지 여기 있던 핸드폰이 없어지다니 귀신이 곡할 노릇이다.

* **다음 문장을 읽고 속담을 완성하세요.**

ㄱ ㅅ 이 곡할 노릇이다

힌트 사람이 죽은 뒤에 남는다는 넋이에요.

연상 낱말 부채질

필수 낱말 불나다 불이 쉽게 끄기 어려운 상태로 일어나다.

불난 집에 부채질한다

풀이 남의 불행한 일이 점점 더 커지도록 하거나 화난 사람을 더욱 화나게 한다는 말이에요.

예문 불난 집에 부채질한다고 네 말은 나를 더 화나게 해.

비슷한말 끓는 국에 국자 휘젓는다

* 다음 문장을 읽고 속담을 완성하세요.

불난 집에 　　　　　　 한다

힌트 부채를 흔들어 바람을 일으키는 일이에요.

연상 낱말 바람, 등불

필수 낱말 등불 등에 켠 불.

바람 앞의 등불

풀이 언제 꺼질지 모르는 바람 앞의 등불이란 뜻으로, 매우 위태로운 처지에 놓여 있음을 말해요.

예문 **바람 앞의 등불**처럼, 국가의 운명이 매우 위태로운 처지에 놓여 있어.

비슷한말 **풍전등화**

* **다음 문장을 읽고 속담을 완성하세요.**

ㅂ ㄹ 앞의 등불

힌트 기압의 변화 또는 사람이나 기계에 의하여 일어나는 공기의 움직임이에요.

연상 낱말 배, 배꼽

필수 낱말 배꼽 탯줄이 떨어지면서 배의 한가운데에 생긴 자리.

70

배보다 배꼽이 더 크다

풀이 기본이 되는 것보다 덧붙이는 것이 더 많거나 큰 경우를 말해요.

예문 배보다 배꼽이 크다더니, 물건값보다 포장비가 더 들어.

비슷한말 발보다 발가락이 더 크다

* 다음 문장을 읽고 속담을 완성하세요.

보다 배꼽이 더 크다

힌트 동물의 몸에서 위장, 창자, 콩팥 같은 내장이 들어 있는 곳이에요.

연상 낱말 가랑비

필수 낱말 젖다 물이 배어 축축하게 되다.

71

가랑비에 옷 젖는 줄 모른다

풀이 사소한 것이라도 거듭되면 무시하지 못할 정도로 크게 된다는 말이에요.

예문 **가랑비에 옷 젖는 줄 모른다**더니, 하루 세 쪽씩 문제집을 풀었는데 어느새 한 권을 끝냈어.

＊ **다음 문장을 읽고 속담을 완성하세요.**

ㄱ ㄹ ㅂ 에 옷 젖는 줄 모른다

힌트 가늘게 내리는 비예요.

72

연상 낱말 오줌

필수 낱말 얼다 추위로 신체 일부가 감각이 없어질 만큼 아주 차가워지다.

언 발에 오줌 누기

풀이 잠시 일이 해결이 되더라도, 효력이 오래가지 못하고 사태가 더 나빠진다는 말이에요.

예문 엄마한테 성적이 잘 나왔다고 거짓말해 봤자 **언 발에 오줌 누기**와 같아.

비슷한말 **임시변통**

* **다음 문장을 읽고 속담을 완성하세요.**

언 발에 ㅇㅈ 누기

힌트 방광 속에 괴어 있다가 몸 밖으로 배출되는 누렇고 지린내가 나는 액체예요.

연상 낱말 날벼락

필수 낱말 날벼락 느닷없이 치는 벼락.

73

마른하늘에 날벼락

풀이 뜻하지 아니한 상황에서 뜻밖에 입는 재난을 말해요.

예문 마른하늘에 날벼락이라더니, 내 아이디가 해킹을 당해서 로그인을 할 수 없어.

비슷한말 마른하늘에 벼락 맞는다

* 다음 문장을 읽고 속담을 완성하세요.

ㅁ ㄹ ㅎ ㄴ 에 날벼락

힌트 비나 눈이 오지 아니하는 맑게 갠 하늘이에요.

연상 낱말 까마귀, 배

필수 낱말 떨어지다 위에서 아래로 내려지다.

까마귀 날자 배 떨어진다

풀이 아무 관계없이 한 일이 우연히 때가 같아, 다른 일과 관련 있는 것처럼 의심받는 상황을 말해요.

예문 까마귀 날자 배 떨어진다고, 윤지가 다니는 학원에 내가 간 건 우연이야.

비슷한말 오비이락

＊ 다음 문장을 읽고 속담을 완성하세요.

ㄲ ㅁ ㄱ 날자 배 떨어진다

힌트 검은색을 띤 새, 부리가 굵고 날카롭고 까옥까옥하고 울어요.

연상 낱말 물, 봇짐

필수 낱말 봇짐 등에 지기 위하여 물건을 보자기에 싸서 꾸린 짐.

물에 빠진 놈 건져 놓으니까 내 봇짐 내라 한다

풀이 남에게 은혜를 입고도 그 고마움을 모르고 생트집을 잡는다는 말이에요.

예문 물에 빠진 놈 건져 놓으니까 내 봇짐 내라 한다고, 주운 지갑 찾아줬더니 돈 없어 졌다고 난리 치네.

비슷한말 물에 빠진 놈 건져 놓으니까 망건값 달라 한다

* 다음 문장을 읽고 속담을 완성하세요.

□ 에 빠진 놈 건져 놓으니까 내 봇짐 내라 한다

힌트 못, 내, 호수, 강, 바다 따위를 두루 이르는 말이에요.

76

연상 낱말 미꾸라지

필수 낱말 웅덩이 움푹 파여 물이 괴어 있는 곳.

미꾸라지 한 마리가 온 웅덩이를 흐려 놓는다

풀이 한 사람의 안 좋은 행동이 집단 전체나 여러 사람에게 나쁜 영향을 미친다는 말이에요.

예문 **미꾸라지 한 마리가 온 웅덩이를 흐려 놓는다**더니, 새로 온 알바생이 가게 분위기를 망쳐 놨어.

비슷한말 **미꾸라지 한 마리가 한강 물을 다 흐리게 한다**

* **다음 문장을 읽고 속담을 완성하세요.**

미꾸라지 한 ㅁ ㄹ 가 온 웅덩이를 흐려 놓는다

힌트 짐승이나 물고기, 벌레 따위를 세는 단위예요.

연상 낱말 태산

필수 낱말 태산 높고 큰 산, 크고 많음.

77

갈수록 태산

풀이 갈수록 더욱 어려운 상황에 처하게 되는 경우를 말해요.

예문 갈수록 태산이라더니, 집까지 가려면 아직 멀었는데 어두워지고 비까지 내리네.

비슷한말 산 넘어 산이다

* 다음 문장을 읽고 속담을 완성하세요.

ㄱ ㅅ ㄹ 태산

힌트 시간이 흐르거나 일이 진행됨에 따라 더욱더라는 뜻이에요.

연상 낱말 달, 기울다

필수 낱말 기울다 해나 달 따위가 지다.

달도 차면 기운다

풀이 한번 번성한 세력은 다시 약해지기 마련이라는 말이에요.

예문 달도 차면 기운다고 했어, 지금 성공에 너무 자만하지 마.

비슷한말 그릇도 차면 넘친다

* 다음 문장을 읽고 속담을 완성하세요.

　　도 차면 기운다

힌트 지구의 위성으로, 햇빛을 반사하여 밤에 밝은 빛을 내요. 예 보름○

연상 낱말 싸움

필수 낱말 흥정 물건을 사거나 팔기 위하여 가격을 의논함.

79

싸움은 말리고 흥정은 붙이랬다

풀이 나쁜 일은 말리고 좋은 일은 권한다는 말이에요.

예문 **싸움은 말리고 흥정은 붙이랬다**고, 친구들끼리 싸울 것 같아 보이면 말려야지.

* 다음 문장을 읽고 속담을 완성하세요.

ㅆ ㅇ 은 말리고 흥정은 붙이랬다

힌트 싸우는 일을 뜻해요.

연상 낱말 하나, 열

필수 낱말 보다 눈으로 대상의 존재나 형태적 특징을 알다.

하나를 보면 열을 안다

풀이 일부만 보고 전체를 미루어 안다는 말이에요.

예문 하나를 보면 열을 안다고, 칼질만 봐도 시우한테 요리를 부탁해도 될 거 같아.

비슷한 말 **하나를 알면 백을 안다**

*** 다음 문장을 읽고 속담을 완성하세요.**

______ 를 보면 열을 안다

힌트 맨 처음 수를 뜻해요.

연상 낱말 꼬리, 잡힌다

필수 낱말 길다 잇닿아 있는 물체의 두 끝이 서로 멀다.

꼬리가 길면 잡힌다

풀이 나쁜 일을 몰래 한다고 해도 계속하면 결국 들킨다는 말이에요.

예문 **꼬리가 길면 잡힌다**고, 계속 언니 옷을 몰래 입으면 결국 들켜서 혼날 거야.

비슷한말 **고삐가 길면 밟힌다**

* 다음 문장을 읽고 속담을 완성하세요.

ㄲ ㄹ 가 길면 잡힌다

힌트 동물 몸뚱이의 뒤 끝에 붙어서 조금 나와 있는 부분이에요.

82

쓴 약

필수 낱말 **쓰다** 달갑지 않고 싫거나 괴롭다.

입에 쓴 약이 병에는 좋다

풀이 충고나 비판이 당장은 듣기 싫지만, 그것을 받아들이면 유익하다는 말이에요.

예문 지금 내 말이 기분 나쁘겠지만, **입에 쓴 약이 병에는 좋다**고 했어.

비슷한말 **입에 쓴 약이 병을 고친다**

* **다음 문장을 읽고 속담을 완성하세요.**

입에 쓴 ○ 이 병에는 좋다

힌트 병이나 상처를 고치기 위해 먹거나 바르는 물질이에요.

연상 낱말 외양간

필수 낱말 **고치다** 고장이 나거나 못 쓰게 된 물건을 손질하여 제대로 되게 하다.

83

소 잃고 외양간 고친다

풀이 일이 이미 잘못된 뒤에는 손을 써도 소용이 없다는 말이에요.

예문 **소 잃고 외양간 고친다**고, 친구와 싸우고 후회해 봤자 이미 늦었어.

비슷한말 **도둑맞고 사립 고친다**

* **다음 문장을 읽고 속담을 완성하세요.**

소 잃고 ㅇ ㅇ ㄱ 고친다

힌트 말과 소를 기르는 곳이에요.

연상 낱말 콩, 팥

필수 낱말 심다 초목의 뿌리나 씨앗 따위를 흙 속에 묻다.

콩 심은 데 콩 나고 팥 심은 데 팥 난다

풀이 모든 일은 근본에 따라 거기에 걸맞은 결과가 나타난다는 말이에요.

예문 콩 심은 데 콩 나고 팥 심은 데 팥 난다고, 지민이는 아빠를 닮아서 잘 생겼어.

비슷한말 **배나무에 배 열리지 감 안 열린다**

* **다음 문장을 읽고 속담을 완성하세요.**

심은 데 　　 나고 팥 심은 데 팥 난다

힌트 단백질이 많이 함유된 곡식으로, 된장, 두부, 기름 등의 재료예요.

연상 낱말 사공

필수 낱말 많다 수량이나 분량, 정도가 일정한 기준 이상이다.

85

사공이 많으면 배가 산으로 간다

풀이 여러 사람이 자기주장만 내세우면 일이 제대로 되기 어렵다는 말이에요.

예문 **사공이 많으면 배가 산으로 간다**더니, 여기저기서 간섭을 하니 결론이 나지 않아.

* **다음 문장을 읽고 속담을 완성하세요.**

ㅅ ㄱ 이 많으면 배가 산으로 간다

힌트 배를 부리는 일을 직업으로 하는 사람이에요.

연상 낱말 강물

필수 낱말 줄다 물체의 길이나 넓이, 부피가 본디보다 작아지다.

강물도 쓰면 준다

풀이 풍부하다고 하여 함부로 헤프게 쓰지 말라는 말이에요.

예문 강물도 쓰면 준다고, 백만장자 준호가 돈을 펑펑 쓰더니 하던 사업을 모두 정리했어.

비슷한말 시냇물도 퍼 쓰면 준다

* **다음 문장을 읽고 속담을 완성하세요.**

도 쓰면 준다

힌트 강에 흐르는 물을 뜻해요.

익히기 4

➜ **그림을 보고, 어울리는 속담을 찾아 연결해 보세요.**

❶ 

• 마른하늘에 날벼락

❷ 

• 싸움은 말리고 흥정은 붙이랬다

❸ 

• 땅 짚고 헤엄치기

➜ **속담에 들어갈 낱말로 바른 것에 ○표 하세요.**

❶ (소나기, 가랑비)에 옷 젖는 줄 모른다

❷ (미꾸라지, 망둥이) 한 마리가 온 웅덩이를 흐려 놓는다

❸ (까치, 까마귀) 날자 배 떨어진다

❹ 바람 앞의 (등불, 부채)

정답 p.158

다음 상황에 어울리는 속담을 고르세요.

(   ),
학교에 돌던 소문이 결국 사실로 밝혀졌어.

① 꼬리가 길면 잡힌다고

② 아니 땐 굴뚝에 연기 날까라더니

③ 갈수록 태산이라더니

④ 하나를 보면 열을 안다고

그림을 보고, 속담을 완성하세요.

①

소 잃고
ㅇㅇㄱ 고친다

②

배보다 ㅂㄲ이
더 크다

노력 & 성공

천 리 길도 한 걸음부터

첫술에 배부르랴

구르는 돌은 이끼가 안 낀다

구슬이 서 말이라도 꿰어야 보배라

부뚜막의 소금도 집어넣어야 짜다

우물을 파도 한 우물을 파라

세 살 적 버릇이 여든까지 간다

열 번 찍어 아니 넘어가는 나무 없다

거지도 부지런하면 더운밥을 얻어먹는다

서당 개 삼 년에 풍월을 읊는다

구더기 무서워 장 못 담글까

비 온 뒤에 땅이 굳어진다

고생 끝에 낙이 온다

공든 탑이 무너지랴

티끌 모아 태산

개천에서 용 난다

연상 낱말 한 걸음

필수 낱말 걸음 두 발을 번갈아 옮겨 놓는 동작.

천 리 길도 한 걸음부터

풀이 무슨 일이나 그 일의 시작이 중요하다는 말이에요.

예문 천 리 길도 한 걸음부터라고, 영어를 하려면 알파벳부터 외우자.

비슷한말 시작이 반이다

* 다음 문장을 읽고 속담을 완성하세요.

천 리 길도 한 ㄱ ㅇ 부터

힌트 두 발을 번갈아 옮겨 놓는 동작이에요.

연상 낱말 첫술

필수 낱말 배부르다 더 먹을 수 없이 양이 차다.

첫술에 배부르랴

풀이 어떤 일이든지 단번에 만족할 수는 없다는 말이에요.

예문 첫술에 배부르랴, 첫 수업에 내용을 다 알 수 없지.

비슷한말 **한술 밥에 배부르랴**

* **다음 문장을 읽고 속담을 완성하세요.**

ㅊ ㅅ 에 배부르랴

힌트 음식을 먹을 때에, 처음으로 드는 숟갈이에요.

연상 낱말 돌, 이끼

필수 낱말 돌 흙 따위가 굳어서 된 광물질의 단단한 덩어리.

89

구르는 돌은 이끼가 안 낀다

풀이 부지런하고 꾸준히 노력하는 사람은 침체되지 않고 계속 발전한다는 말이에요.

예문 구르는 돌은 이끼가 안 낀다고, 매일 꾸준히 영어를 공부하다 보면 원어민처럼 말하게 될 거야.

* 다음 문장을 읽고 속담을 완성하세요.

구르는 돌은 ㅇ ㄲ 가 안 낀다

힌트 꽃이 피지 않고 잎과 줄기가 구별되지 않는 식물로, 오래된 나무나 바위, 습지에 자라요.

연상 낱말 구슬, 보배

필수 낱말 말 부피의 단위, 한 말은 약 18리터에 해당.

구슬이 서 말이라도 꿰어야 보배라

풀이 아무리 좋은 것이라도 다듬고 정리하여 쓸모 있게 만들어야 값어치가 있다는 말이에요.

예문 구슬이 서 말이라도 꿰어야 보배라고, 아무리 네가 생각이 많아도 표현하지 않으면 아무도 몰라.

비슷한말 진주가 열 그릇이나 꿰어야 구슬

* 다음 문장을 읽고 속담을 완성하세요.

구슬이 서 말이라도 꿰어야 ㅂ ㅂ 라

힌트 아주 귀하고 소중한 물건이에요.

연상 낱말 부뚜막, 소금

필수 낱말 소금 짠맛이 나는 흰색의 조미료.

91

부뚜막의 소금도 집어넣어야 짜다

풀이 좋은 조건에 손쉬운 일이라도 힘을 들여 이용하지 않으면 안 된다는 말이에요.

예문 **부뚜막의 소금도 집어넣어야 짜다**고, 엄마가 준비물을 다 챙겨 줘도 네가 안 가져가면 수업 시간에 못 쓰는 거야.

* 다음 문장을 읽고 속담을 완성하세요.

ㅂ ㄸ ㅁ 의 소금도 집어넣어야 짜다

힌트 아궁이 위에 솥을 걸어 놓는 언저리예요.

연상 낱말 한 우물

필수 낱말 파다 구멍이나 구덩이를 만들다.

우물을 파도 한 우물을 파라

풀이 어떠한 일이든 한 가지 일을 끝까지 하여야 성공할 수 있다는 말이에요.

예문 우물을 파도 한 우물을 파라고, 윤아는 어릴 때부터 피아노만 치더니 유명한 피아니스트가 되었어.

* 다음 문장을 읽고 속담을 완성하세요.

우물을 파도 ㅎ 우물을 파라

힌트 그 수량이 하나임을 나타내는 말이에요.

연상 낱말 버릇

필수 낱말 여든 80, 열의 여덟 배가 되는 수.

세 살 적 버릇이 여든까지 간다

풀이 어릴 때 몸에 밴 버릇은 늙어 죽을 때까지 고치기 힘들다는 말이에요.

예문 **세 살 적 버릇이 여든까지 간다**고, 다리 떠는 버릇을 지금 안 고치면 나이 들어서도 떨 거야.

비슷한 말 **어릴 적 버릇은 늙어서까지 간다**

＊ 다음 문장을 읽고 속담을 완성하세요.

세 살 적 ㅂ ㄹ이 여든까지 간다

힌트 오랫동안 자꾸 반복하여 몸에 익어 버린 행동이에요.

연상 낱말 열 번

필수 낱말 찍다 날이 있는 연장 따위로 내리치다.

열 번 찍어 아니 넘어가는 나무 없다

풀이 뜻이 굳은 사람이라도 여러 번 권하면 결국 마음이 변한다는 말이에요.

예문 열 번 찍어 아니 넘어가는 나무 없다고, 좀 더 차분히 설득하면 하니가 네 의견을 들어 주지 않을까?

비슷한말 십벌지목

* 다음 문장을 읽고 속담을 완성하세요.

열 ☐ 찍어 아니 넘어가는 나무 없다

힌트 일의 횟수를 세는 단위예요. 예 여러 ○

연상 낱말 거지, 더운밥

필수 낱말 **부지런하다** 어떤 일을 미루지 않고 꾸준하게 열심히 하는 태도가 있다.

거지도 부지런하면 더운밥을 얻어먹는다

풀이 잘 살려면 부지런해야 한다는 말이에요.

예문 **거지도 부지런하면 더운밥을 얻어먹는다고,**
민우는 성실해서 어디를 가든 잘 살 거야.

비슷한말 **개도 부지런해야 더운 똥을 얻어먹는다**

* **다음 문장을 읽고 속담을 완성하세요.**

ㄱ ㅈ 도 부지런하면 더운밥을 얻어먹는다

힌트 남에게 빌어먹고 사는 사람이에요.

연상 낱말 서당 개

필수 낱말 풍월 맑은 바람과 밝은 달을 대상으로 시를 짓고 즐겁게 놂.

서당 개 삼 년에 풍월을 읊는다

풀이 아는 것이 없는 사람도 그 부문에 오래 있으면 지식과 경험을 갖게 된다는 말이에요.

예문 서당 개 삼 년에 풍월을 읊는다고, 요리사 언니와 살다 보니 내가 음식 유튜버가 되었어.

비슷한말 독서당 개가 맹자 왈 한다

* 다음 문장을 읽고 속담을 완성하세요.

개 삼 년에 풍월을 읊는다

힌트 예전에, 한문을 사사로이 가르치던 곳이에요.

연상 낱말 구더기, 장

필수 낱말 **구더기** 파리의 애벌레. 차차 자라서 번데기가 되었다가 파리가 된다.

구더기 무서워 장 못 담글까

풀이 다소 방해되는 것이 있다 하더라도 할 일은 해야 한다는 말이에요.

예문 **구더기 무서워 장 못 담글까**, 한 번 넘어졌다고 자전거를 안 타면 평생 못 타게 될 거야.

비슷한말 **장마가 무서워 호박을 못 심겠다**

* **다음 문장을 읽고 속담을 완성하세요.**

구더기 무서워 ㅈ 못 담글까

힌트 간장, 고추장, 된장 따위를 통틀어 이르는 말이에요.

98

연상 낱말 비, 땅

필수 낱말 굳어지다 누르는 자국이 나지 아니할 만큼 단단하게 되다.

비 온 뒤에 땅이 굳어진다

풀이 어떤 시련을 겪은 뒤에 더 강해진다는 말이에요.

예문 비 온 뒤에 땅이 굳어진다고, 시험에 떨어졌던 경험이 나를 더 열심히 공부하게 만들었어.

* **다음 문장을 읽고 속담을 완성하세요.**

□ 온 뒤에 땅이 굳어진다

힌트 대기 중의 수증기가 높은 곳에서 식어서 엉기어 땅 위로 떨어지는 물방울이에요.

연상 낱말 고생 끝

필수 낱말 낙 살아가는 데서 느끼는 즐거움이나 재미.

99

고생 끝에 낙이 온다

풀이 어려운 일이나 고된 일을 겪은 뒤에는 반드시 즐겁고 좋은 일이 생긴다는 말이에요.

예문 고생 끝에 낙이 온다고, 이번 힘든 일을 잘 참아내면 좋은 날이 올 거야.

비슷한말 태산을 넘으면 평지를 본다, 고진감래

* 다음 문장을 읽고 속담을 완성하세요.

ㄱ ㅅ 끝에 낙이 온다

힌트 어렵고 고된 일을 겪음을 뜻해요.

연상 낱말 탑

필수 낱말 공들다 어떤 일을 이루는 데에 정성과 노력이 많이 들다.

공든 탑이 무너지랴

풀이 정성을 다하여 한 일은 그 결과가 반드시 헛되지 아니하다는 말이에요.

예문 걱정하지 마! 공든 탑이 무너지랴.
우리가 열심히 노력했으니, 반드시 좋은 결과가 있을 거야.

비슷한말 지성이면 감천이다

* 다음 문장을 읽고 속담을 완성하세요.

공든 ☐이 무너지랴

힌트 여러 층으로 또는 높고 뾰족하게 세운 건축물이에요.

연상 낱말 태산

필수 낱말 티끌 티와 먼지를 통틀어 이르는 말, 몹시 작거나 적음을 이르는 말.

티끌 모아 태산

풀이 아무리 작은 것이라도 모이고 모이면 나중에 큰 덩어리가 된다는 말이에요.

예문 매달 만 원씩 저축하려고 해. 티끌 모아 태산이 되겠지.

비슷한 말 먼지도 쌓이면 큰 산이 된다

* 다음 문장을 읽고 속담을 완성하세요.

티끌 모아 ㅌ ㅅ

힌트 높고 큰 산을 뜻해요.

연상 낱말 용

필수 낱말 개천 시내보다는 크지만 강보다는 작은 물줄기.

개천에서 용 난다

풀이 미천한 집안이나 변변하지 못한 부모에게서 훌륭한 인물이 나는 경우를 말해요.

예문 어려운 집안 환경에서 노력해 성공한 민수를 보면, 개천에서 용 났다는 속담이 떠올라.

비슷한말 **개똥밭에 인물 난다**

* **다음 문장을 읽고 속담을 완성하세요.**

개천에서 ○ 난다

힌트 상상의 동물로, 몸은 거대한 뱀과 비슷한데 뿔이 있으며 물속에서 살다가 하늘로 올라간다고 해요.

그림을 보고, 어울리는 속담을 찾아 연결해 보세요.

❶ 

❷ 

❸ 

- 열 번 찍어 아니 넘어가는 나무 없다
- 부뚜막의 소금도 집어넣어야 짜다
- 구르는 돌은 이끼가 안 낀다

속담에 들어갈 낱말로 바른 것에 ○표 하세요.

❶ (번데기, 구더기) 무서워 장 못 담글까

❷ (구슬, 바늘)이 서 말이라도 꿰어야 보배라

❸ 공든 (탑, 산)이 무너지랴

❹ 개천에서 (용, 뱀) 난다

정답 p.159

다음 상황에 어울리는 속담을 고르세요.

(   ),
다리 떠는 버릇을 지금 안 고치면 나이 들어서도 떨 거야.

① 천 리 길도 한 걸음부터라고

② 구르는 돌은 이끼가 안 낀다고

③ 세 살 적 버릇이 여든까지 간다고

④ 우물을 파도 한 우물을 파라고

그림을 보고, 속담을 완성하세요.

①

서당 개 삼 년에
ㅍㅇ을 읊는다

②

ㄱㅈ도 부지런하면
더운밥을 얻어먹는다

음식 & 동물

시장이 반찬

마파람에 게 눈 감추듯

고기도 먹어 본 사람이 많이 먹는다

떡 본 김에 제사 지낸다

다 된 죽에 코 빠졌다

개밥에 도토리

빛 좋은 개살구

싼 것이 비지떡

수박 겉 핥기

꿩 먹고 알 먹기

꿩 대신 닭

고양이 목에 방울 달기

못된 송아지 엉덩이에 뿔이 난다

쇠귀에 경 읽기

고래 싸움에 새우 등 터진다

까마귀가 아저씨 하겠다

굼벵이도 구르는 재주가 있다

우물 안 개구리

연상 낱말 반찬

필수 낱말 시장 배가 고픔.

시장이 반찬

풀이 배가 고프면 반찬이 없어도 밥이 맛있다는 말이에요.

예문 시장이 반찬이라고, 하루 굶었더니 다 맛있어.

비슷한말 **맛없는 음식도 배고프면 달게 먹는다**

*** 다음 문장을 읽고 속담을 완성하세요.**

시장이 ㅂ ㅊ

힌트 밥에 곁들여 먹는 음식을 통틀어 이르는 말이에요.

연상 낱말 마파람, 게

필수 낱말 마파람 남쪽에서 불어오는 바람, 남풍.

마파람에 게 눈 감추듯

풀이 음식을 매우 빨리 먹어 버리는 모습을 말해요.

예문 너무 배가 고파서, 밥을 보자마자 마파람에 게 눈 감추듯 다 먹었네.

비슷한말 **두꺼비 파리 잡아먹듯**

* **다음 문장을 읽고 속담을 완성하세요.**

마파람에 ☐ 눈 감추듯

힌트 몸이 단단한 껍질로 싸여 있으며 열 개의 발이 있어 옆으로 기어 다녀요. 예 꽃○

연상 낱말 고기

필수 낱말 고기 먹을 수 있는 온갖 동물의 살.

고기도 먹어 본 사람이 많이 먹는다

풀이 무슨 일이든지 늘 하던 사람이 더 잘한다는 말이에요.

예문 **고기도 먹어 본 사람이 많이 먹는다**고, 경험이 많은 제니한테 이 드라마 역할을 주자.

비슷한말 **떡도 먹어 본 사람이 먹는다**

*** 다음 문장을 읽고 속담을 완성하세요.**

고기도 먹어 본 ㅅ ㄹ 이 많이 먹는다

힌트 언어를 사용하고, 도구를 만들어 쓰며 사회를 이루어 사는 동물이에요.

연상 낱말 떡, 제사

필수 낱말 **제사** 신이나 죽은 사람의 넋에게 음식을 바치어 정성을 나타냄.

떡 본 김에 제사 지낸다

풀이 우연히 운 좋은 기회에, 하려던 일을 해치운다는 말이에요.

예문 **떡 본 김에 제사 지낸다**고, 양말을 사러 갔다가 마침 운동복도 할인 중이길래 사 버렸어.

비슷한 말 **소매 긴 김에 춤춘다**

* **다음 문장을 읽고 속담을 완성하세요.**

본 김에 제사 지낸다

힌트 곡식 가루를 찌거나, 그 찐 것을 치거나 빚어서 만든 음식이에요.

연상 낱말 죽, 코

필수 낱말 코 콧구멍에서 흘러나오는 액체.

다 된 죽에 코 빠졌다

풀이 거의 다 된 일을 망쳐 버리는 주책없는 행동을 말해요.

예문 문제를 다 풀고 마지막에 실수로 답을 잘못 쓰다니,
다 된 죽에 코 빠졌지.

비슷한말 **다 된 죽에 코 풀기**

* **다음 문장을 읽고 속담을 완성하세요.**

다 된 ㅈ 에 코 빠졌다

힌트 곡식을 오래 끓여 알갱이가 흠씬 무르게 만든 음식이에요. 예 ○을 쑤다

연상 낱말 개밥, 도토리

필수 낱말 **도토리** 갈참나무, 졸참나무, 물참나무, 떡갈나무 따위의 열매.

개밥에 도토리

풀이 개가 딱딱한 도토리를 먹지 않고 남기듯, 따돌림을 받아서 여럿에 끼지 못하는 사람을 말해요.

예문 매번 지각을 하니 친구들이 너를 부르지 않는 거야.
개밥에 도토리 신세가 된 거지.

＊ **다음 문장을 읽고 속담을 완성하세요.**

에 도토리

힌트 개의 먹이예요.

연상 낱말 개살구

필수 낱말 빛 찬란하게 반짝이는 광채.

빛 좋은 개살구

풀이 겉은 먹음직한 빛깔이지만 맛이 없는 개살구같이, 겉만 그럴듯하고 실속이 없는 경우를 말해요.

예문 영화 예고편은 정말 웃겼는데, 실제 보니 재미가 하나도 없었어. 완전 빛 좋은 개살구였어.

비슷한말 속 빈 강정

* 다음 문장을 읽고 속담을 완성하세요.

빛 좋은 ㄱ ㅅ ㄱ

힌트 개살구나무의 열매로, 살구보다 맛이 시고 떫어요.

110

연상 낱말 비지떡

필수 낱말 싸다 물건값이나 비용이 보통보다 낮다.

싼 것이 비지떡

풀이 값이 싼 물건은 품질도 그만큼 나쁘다는 말이에요.

예문 **싼 것이 비지떡**이라더니, 저번에 싸게 팔아서 산 티셔츠가 목이 다 늘어났다.

*** 다음 문장을 읽고 속담을 완성하세요.**

싼 것이 ㅂ ㅈ ㄸ

힌트 비지에 밀가루를 넣고 반죽하여 부친 떡으로 보잘것없는 것을 비유해요.

연상 낱말 수박

필수 낱말 핥다 혀가 물체의 겉면에 살짝 닿으면서 지나가게 하다.

수박 겉 핥기

풀이 사물의 속 내용은 모르고 겉만 건드리는 일을 말해요.

예문 **수박 겉 핥기** 식으로 공부하면, 절대 시험 문제를 풀 수 없어.

비슷한말 **꿀단지 겉 핥기**

* **다음 문장을 읽고 속담을 완성하세요.**

ㅅ ㅂ 겉 핥기

힌트 겉은 딱딱하고 줄무늬가 있으며, 속살은 붉고 달아 먹을 수 있는 열매예요.

연상 낱말 꿩, 알

필수 낱말 알 암컷이 낳는, 둥근 모양의 물질. 새끼나 애벌레로 부화한다.

꿩 먹고 알 먹기

풀이 한 가지 일을 하여 두 가지 이상의 이익을 보게 됨을 말해요.

예문 만화로 된 위인전을 읽으면, 재미도 있고 공부도 되니
꿩 먹고 알 먹기야.

비슷한말 곶 보고 떡 먹기

* 다음 문장을 읽고 속담을 완성하세요.

먹고 알 먹기

힌트 수컷은 장끼, 암컷은 까투리라 해요.

연상 낱말 꿩, 닭

필수 낱말 **대신** 어떤 대상의 자리나 구실을 바꾸어서 새로 맡음.

꿩 대신 닭

풀이 꼭 적당한 것이 없을 때, 그와 비슷한 것으로 대신하는 경우를 말해요.

예문 원하던 검은색 가방이 없어서 남색으로 샀어.
꿩 대신 닭이지 뭐.

비슷한말 **봉 아니면 꿩이다**

* **다음 문장을 읽고 속담을 완성하세요.**

꿩 대신 ㄷ

힌트 머리에 붉은 볏이 있고, 날개도 있지만 날지 못하는 새예요.

연상 낱말 고양이, 방울

필수 낱말 **달다** 물건을 일정한 곳에 걸거나 매어 놓다.

고양이 목에 방울 달기

풀이 실행하기 어려운 것을 실속 없게 의논한다는 말이에요.

예문 그 계획은 실현될 수 없어.
쥐가 고양이 목에 방울 달기와 같아.

비슷한말 **탁상공론**

＊ **다음 문장을 읽고 속담을 완성하세요.**

고양이 목에 　　　 달기

힌트 동그랗고 얇은 속이 빈 쇠붙이로, 그 속에 단단한 것을 넣어 흔들면 소리가 나는 물건이에요.

연상 낱말 엉덩이, 뿔

필수 낱말 나다 신체 표면이나 땅 위에 솟아나다.

못된 송아지 엉덩이에 뿔이 난다

풀이 되지못한 것이 엇나가는 짓만 한다는 말이에요.

예문 **못된 송아지 엉덩이에 뿔이 난다**고, 네가 지금 하는 못된 행동을 후회하는 날이 올 거야.

비슷한말 **못된 벌레 장판방에서 모로 긴다**

* **다음 문장을 읽고 속담을 완성하세요.**

못된 ㅅㅇㅈ 엉덩이에 뿔이 난다

힌트 어린 소예요. 예 얼룩○○○

연상 낱말 쇠귀

필수 낱말 경 옛 성현들이 유교의 사상과 교리를 써 놓은 책.

쇠귀에 경 읽기

풀이 아무리 가르치고 일러 주어도 알아듣지 못하는 경우를 말해요.

예문 윤주한테 아무리 충고를 해도, 쇠귀에 경 읽기야.

비슷한말 말 귀에 염불

* 다음 문장을 읽고 속담을 완성하세요.

ㅅㄱ에 경 읽기

힌트 소의 귀예요. 예 ○○를 잡다

연상 낱말 고래, 새우

필수 낱말 **터지다** 둘러싸여 막혔던 것이 찢어지다.

고래 싸움에 새우 등 터진다

풀이 강한 자들끼리 싸우는 통에 약한 자가 중간에 끼어 피해를 입게 된다는 말이에요.

예문 **고래 싸움에 새우 등 터진다**고, 친구들 싸움을 말린다고 옆에 있다가 나도 선생님께 혼났어.

* **다음 문장을 읽고 속담을 완성하세요.**

ㄱ ㄹ 싸움에 새우 등 터진다

힌트 바다에 사는 동물 중에서 가장 커요. 몸은 물고기 같지만 포유류고, 멸종 위기에 처해 있어요.

118

연상 낱말 까마귀, 아저씨

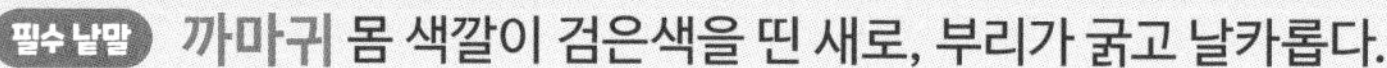
필수 낱말 까마귀 몸 색깔이 검은색을 띤 새로, 부리가 굵고 날카롭다.

까마귀가 아저씨 하겠다

풀이 손발이나 몸에 때가 너무 많이 끼어서 시꺼멓고 더러운 것을 놀리는 말이에요.

예문 사흘 동안 씻지 못했던 수민이를 보니, 까마귀가 아저씨 하겠다.

비슷한말 까마귀와 사촌

* 다음 문장을 읽고 속담을 완성하세요.

까마귀가 ㅇ ㅈ ㅆ 하겠다

힌트 성인 남자를 예사롭게 이르거나 부르는 말이에요. 예 국군 ○○○

연상 낱말 굼벵이, 재주

필수 낱말 **재주** 무엇을 잘할 수 있는 타고난 능력과 슬기.

굼벵이도 구르는 재주가 있다

풀이 아무런 능력이 없는 사람이 남의 관심을 끌 만한 행동을 함을 놀리는 말 또는 무능한 사람도 한 가지 재주는 있음을 말해요.

예문 **굼벵이도 구르는 재주가 있다**더니, 우리 반 꼴찌 영미가 노래는 엄청 잘 해.

* **다음 문장을 읽고 속담을 완성하세요.**

ㄱ ㅂ ㅇ 도 구르는 재주가 있다

힌트 매미의 애벌레로, 몸통이 굵고 다리가 짧아 동작이 느려요.

연상 낱말 우물, 개구리

120

필수 낱말 안 어떤 물체나 공간의 둘러싸인 가에서 가운데로 향한 쪽.

우물 안 개구리

풀이 넓은 세상의 형편을 알지 못하는 사람을 말해요.

예문 국제 청소년 수학 경시대회에 나가 보니,
내가 우물 안 개구리라고 느껴졌어.

* 다음 문장을 읽고 속담을 완성하세요.

우물 안 ㄱㄱㄹ

힌트 올챙이가 자란 것으로, 뒷발이 길고 발가락 사이에 물갈퀴가 있어요.

익히기 6

➜ **그림을 보고, 어울리는 속담을 찾아 연결해 보세요.**

❶ 

• • 까마귀가 아저씨 하겠다

❷ 

• • 고양이 목에 방울 달기

❸ 

• • 싼 것이 비지떡

➜ **속담에 들어갈 낱말로 바른 것에 ○표 하세요.**

❶ (떡, 전) 본 김에 제사 지낸다

❷ (고래, 상어) 싸움에 새우 등 터진다

❸ 못된 (강아지, 송아지) 엉덩이에 뿔이 난다

❹ 빛 좋은 (복숭아, 개살구)

다음 상황에 어울리는 속담을 고르세요.

국제 청소년 수학 경시대회에 나가 보니,
(   ).

① 내가 우물 안 개구리라고 느껴졌어.

② 쇠귀에 경 읽기야.

③ 다 된 죽에 코 빠졌지.

④ 꿩 대신 닭이야.

그림을 보고, 속담을 완성하세요.

①

ㄱㅂㅇ도
구르는 재주가 있다

②

시장이 ㅂㅊ

찾아보기

찾아보기

찾아보기

정답

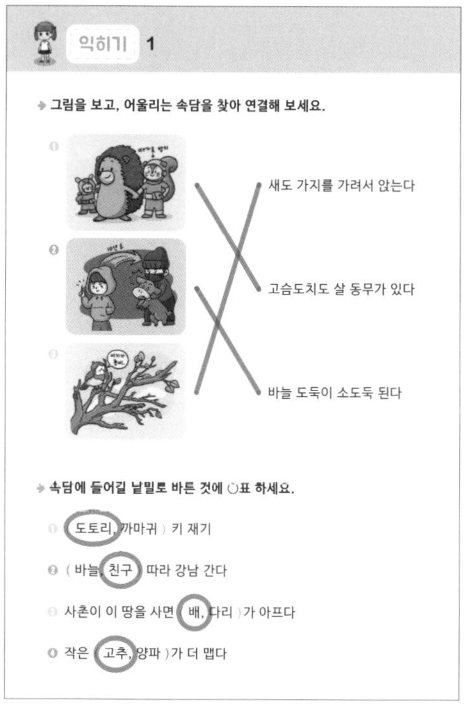

익히기 1

- 그림을 보고, 어울리는 속담을 찾아 연결해 보세요.

① 　 새도 가지를 가려서 앉는다
② 　 고슴도치도 살 동무가 있다
③ 　 바늘 도둑이 소도둑 된다

- 속담에 들어갈 낱말로 바른 것에 ○표 하세요.

① (도토리, 까마귀) 키 재기
② (바늘, 친구) 따라 강남 간다
③ 사촌이 이 땅을 사면 (배, 다리)가 아프다
④ 작은 (고추, 양파)가 더 맵다

p. 32

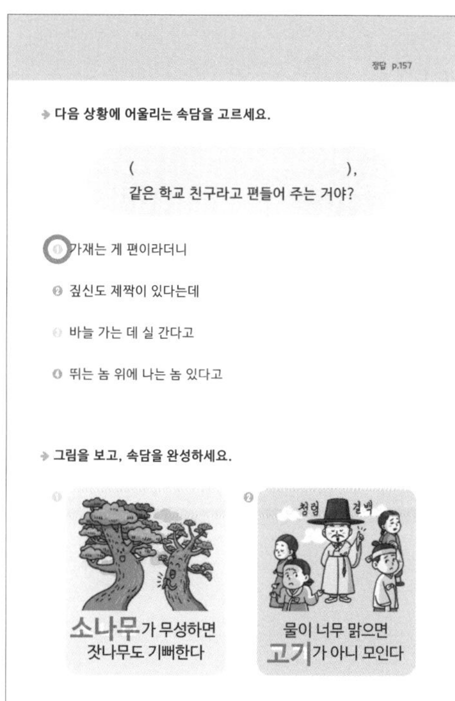

정답 p.157

- 다음 상황에 어울리는 속담을 고르세요.

(　),
같은 학교 친구라고 편들어 주는 거야?

① 가재는 게 편이라더니
② 짚신도 제짝이 있다는데
③ 바늘 가는 데 실 간다고
④ 뛰는 놈 위에 나는 놈 있다고

- 그림을 보고, 속담을 완성하세요.

① 소나무가 무성하면 잣나무도 기뻐한다
② 물이 너무 맑으면 고기가 아니 모인다

p. 33

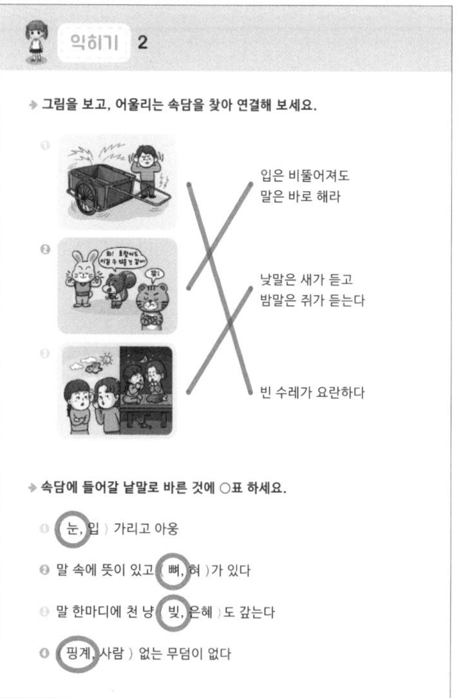

익히기 2

- 그림을 보고, 어울리는 속담을 찾아 연결해 보세요.

① 　 입은 비뚤어져도 말은 바로 해라
② 　 낮말은 새가 듣고 밤말은 쥐가 듣는다
③ 　 빈 수레가 요란하다

- 속담에 들어갈 낱말로 바른 것에 ○표 하세요.

① (눈, 입) 가리고 아웅
② 말 속에 뜻이 있고 (뼈, 혀)가 있다
③ 말 한마디에 천 냥 (빚, 은혜)도 갚는다
④ (핑계, 사람) 없는 무덤이 없다

p. 52

정답 p.157

- 다음 상황에 어울리는 속담을 고르세요.

(　),
인터넷에서 소문이 급속도로 퍼졌어.

① 세 치 혀가 사람 잡는다고
② 발 없는 말이 천 리 간다고
③ 말이 씨가 된다고
④ 가는 말이 고와야 오는 말이 곱다고

- 그림을 보고, 속담을 완성하세요.

① 똥 묻은 개가 겨 묻은 개 나무란다
② 말은 해야 맛이고 고기는 씹어야 맛이다

p. 53

정답

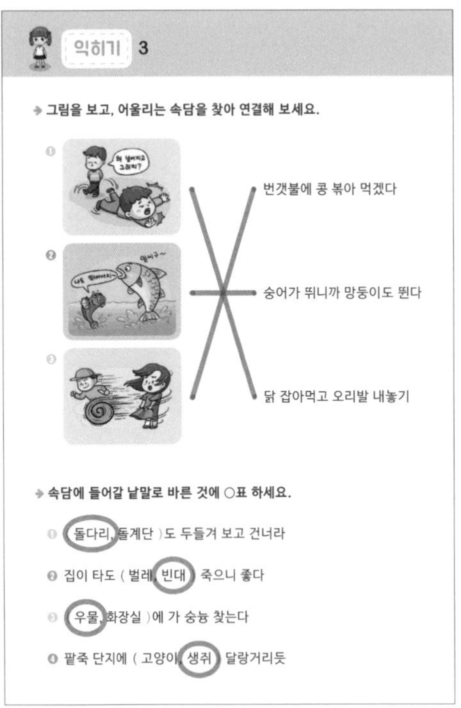

익히기 3

➜ 그림을 보고, 어울리는 속담을 찾아 연결해 보세요.

① — 닭 잡아먹고 오리발 내놓기

② — 숭어가 뛰니까 망둥이도 뛴다

③ — 번갯불에 콩 볶아 먹겠다

➜ 속담에 들어갈 낱말로 바른 것에 ○표 하세요.

① (돌다리, 돌계단)도 두들겨 보고 건너라 — 돌다리

② 집이 타도 (벌레, 빈대) 죽으니 좋다 — 빈대

③ (우물, 화장실)에 가 숭늉 찾는다 — 우물

④ 팥죽 단지에 (고양이, 생쥐) 달랑거리듯 — 생쥐

p. 80

정답 p.158

➜ 다음 상황에 어울리는 속담을 고르세요.

( ), 너는 내가 필요할 땐 말 걸더니 이제는 모른 척하네.

① 벼는 익을수록 고개를 숙인다고

② 닭 잡아먹고 오리발 내놓기라더니

③ 자라 보고 놀란 가슴 솥뚜껑 보고 놀란다고

④ 똥 누러 갈 적 마음 다르고 올 적 마음 다르다고 — ④

➜ 그림을 보고, 속담을 완성하세요.

① 오르지 못할 나무는 쳐다보지도 마라

② 믿는 도끼에 발등 찍힌다

p. 81

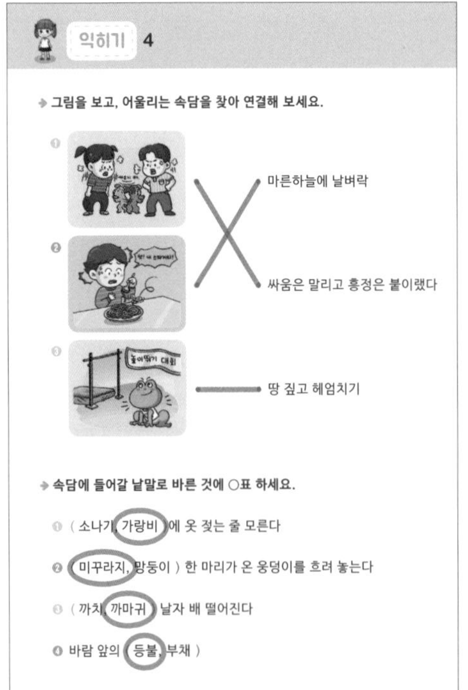

익히기 4

➜ 그림을 보고, 어울리는 속담을 찾아 연결해 보세요.

① — 싸움은 말리고 흥정은 붙이랬다

② — 마른하늘에 날벼락

③ — 땅 짚고 헤엄치기

➜ 속담에 들어갈 낱말로 바른 것에 ○표 하세요.

① (소나기, 가랑비)에 옷 젖는 줄 모른다 — 가랑비

② (미꾸라지, 망둥이) 한 마리가 온 웅덩이를 흐려 놓는다 — 미꾸라지

③ (까치, 까마귀) 날자 배 떨어진다 — 까마귀

④ 바람 앞의 (등불, 부채) — 등불

p. 108

정답 p.158

➜ 다음 상황에 어울리는 속담을 고르세요.

( ), 학교에 돌던 소문이 결국 사실로 밝혀졌어.

① 꼬리가 길면 잡힌다고

② 아니 땐 굴뚝에 연기 날까라더니 — ②

③ 갈수록 태산이라더니

④ 하나를 보면 열을 안다고

➜ 그림을 보고, 속담을 완성하세요.

① 소 잃고 외양간 고친다

② 배보다 배꼽이 더 크다

p. 109

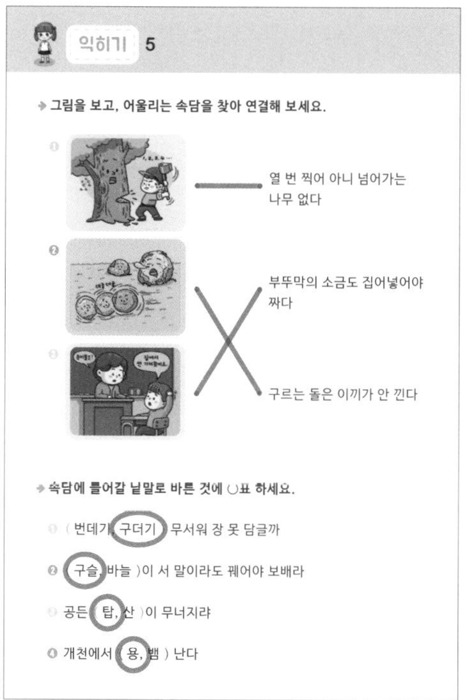

익히기 5

그림을 보고, 어울리는 속담을 찾아 연결해 보세요.

① 열 번 찍어 아니 넘어가는 나무 없다

② 부뚜막의 소금도 집어넣어야 짜다

③ 구르는 돌은 이끼가 안 낀다

속담에 들어갈 낱말로 바른 것에 ○표 하세요.

① (번데기, 구더기) 무서워 장 못 담글까

② (구슬, 바늘)이 서 말이라도 꿰어야 보배라

③ 공든 (탑, 산)이 무너지랴

④ 개천에서 (용, 뱀) 난다

p. 128

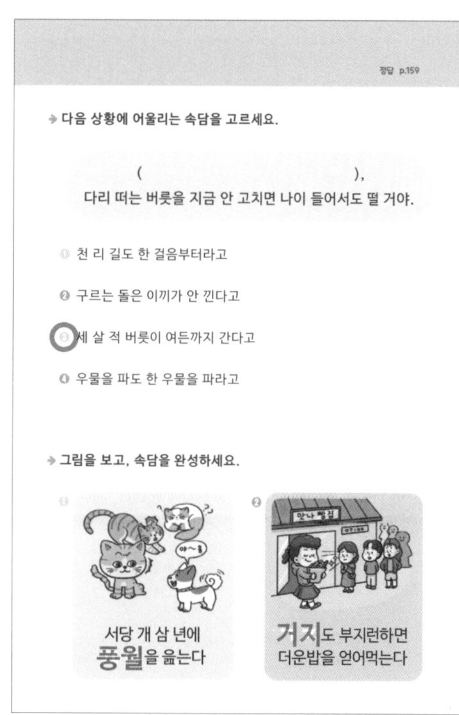

정답 p.159

다음 상황에 어울리는 속담을 고르세요.

( ),
다리 떠는 버릇을 지금 안 고치면 나이 들어서도 떨 거야.

① 천 리 길도 한 걸음부터라고

② 구르는 돌은 이끼가 안 낀다고

③ 세 살 적 버릇이 여든까지 간다고

④ 우물을 파도 한 우물을 파라고

그림을 보고, 속담을 완성하세요.

① 서당 개 삼 년에 풍월을 읊는다

② 거지도 부지런하면 더운밥을 얻어먹는다

p. 129

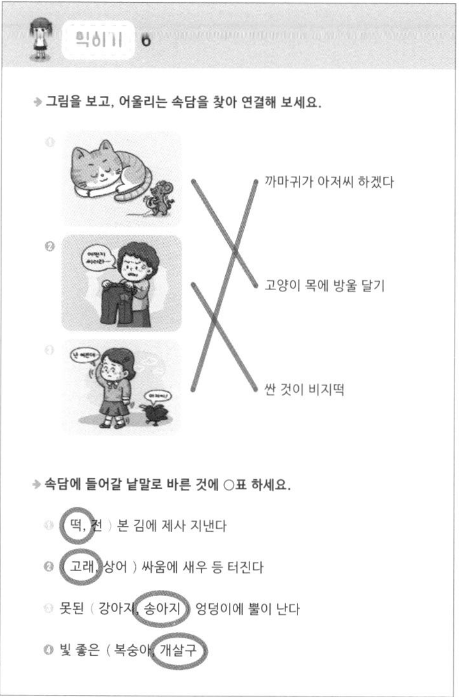

익히기 6

그림을 보고, 어울리는 속담을 찾아 연결해 보세요.

① 까마귀가 아저씨 하겠다

② 고양이 목에 방울 달기

③ 싼 것이 비지떡

속담에 들어갈 낱말로 바른 것에 ○표 하세요.

① (떡, 전) 본 김에 제사 지낸다

② (고래, 상어) 싸움에 새우 등 터진다

③ 못된 (강아지, 송아지) 엉덩이에 뿔이 난다

④ 빛 좋은 (복숭아, 개살구)

p. 150

정답 p.159

다음 상황에 어울리는 속담을 고르세요.

국제 청소년 수학 경시대회에 나가 보니,
( ).

① 내가 우물 안 개구리라고 느껴졌어.

② 쇠귀에 경 읽기야.

③ 다 된 죽에 코 빠졌지.

④ 꿩 대신 닭이야.

그림을 보고, 속담을 완성하세요.

① 굼벵이도 구르는 재주가 있다

② 시장이 반찬

p. 151

하루하루

속담 120

초판 1쇄 발행 2024년 11월 20일
초판 1쇄 인쇄 2024년 11월 10일

지은이 이지영
그림 박윤희
기획 김은경
편집 J. Young · Jellyfish
디자인 IndigoBlue

발행인 조경아
총괄 강신갑
발행처 랭귀지북스
주소 서울시 마포구 포은로2나길 31 벨라비스타 208호
전화 02.406.0047 **팩스** 02.406.0042
이메일 languagebooks@hanmail.net
등록번호 101-90-85278 **등록일자** 2008년 7월 10일

ISBN 979-11-5635-236-5 (73710)
값 14,000원
ⓒLanguagebooks, 2024

이 책은 저작권법에 따라 보호받는 저작물이므로 무단 전재와 무단 복제를 금지하며,
이 책 내용의 전부 또는 일부를 이용하려면 반드시 저작권자와 랭귀지북스의 서면 동의를 받아야 합니다.
잘못된 책은 구입처에서 바꿔 드립니다.